生命教育
理論與教學方案

吳秀碧◎主編

作者介紹

主編

吳秀碧　學歷　美國北科羅拉多大學諮商心理研究所　博士

　　　　現任　亞洲大學心理學系　專任教授

　　　　　　　國立彰化師範大學輔導與諮商學系　兼任教授

　　　　　　　台灣輔導與諮商心理學會　常務理事

　　　　　　　張老師心理諮商中心　中區諮詢委員

　　　　　　　財團法人佛教蓮花臨終關懷基金會生死教育委員會　委員

　　　　曾任　國立彰化師範大學輔導與諮商學系（所）主任

　　　　　　　國立彰化師範大學學生輔導中心　主任

　　　　　　　私立大仁科技大學　專任教授

　　　　　　　美國田納西州立奧斯丁比大學　客座講座

　　　　　　　新加坡 Corner Stone 諮商中心　短期訓練班　訓練師

　　　　　　　馬來西亞華文教總 教師輔導課程研習　講座

國小生命教育方案編輯小組

吳秀碧　亞洲大學心理學系　專任教授

何美雪　國立彰化師範大學輔導與諮商研究所　博士候選人

　　　　台中縣崇光國小　教師

林百合　國立台東師範學院兒童文學研究所　碩士

　　　　台中市賴厝國小　教師

林妙穗　國立台中師範學院諮商與教育心理研究所　博士候選人

　　　　台中市大新國小　教師

游敏玲　國立彰化師範大學輔導與諮商研究所　碩士

　　　　有照諮商心理師

中學生命教育方案編輯小組

吳秀碧　亞洲大學心理學系　專任教授

沈珉琪　國立彰化師範大學輔導與諮商研究所　碩士
　　　　國立台中一中　專任輔導教師

曹瓊華　國立彰化師範大學輔導與諮商研究所　碩士
　　　　台中縣新光國中　教師

壽旭霞　國立彰化師範大學輔導與諮商研究所　碩士
　　　　國立員林家商　主任輔導教師

劉慈倫　國立彰化師範大學輔導與諮商研究所　碩士
　　　　國立豐原高商　主任輔導教師

大學院校生命教育方案編輯小組

吳秀碧　亞洲大學心理學系　專任教授

潘素卿　國立彰化師範大學輔導與諮商研究所　博士
　　　　國立台中教育大學　兼任副教授

羅家玲　國立彰化師範大學輔導與諮商研究所　博士
　　　　國立彰化師範大學　專任副教授

鍾春櫻　國立彰化師範大學輔導與諮商研究所　博士
　　　　大仁科技大學　專任副教授

編輯說明

吳秀碧

教育部宣佈民國九十年為生命教育年，且從小學至大學全力推動生命教育。主要目的在淨化人心，導正社會。其生命教育意涵採廣義的界定，與全人教育幾乎無別。然而，在作為課程規劃與設計時，則必須有具體的建構概念，方能成為課程目標與內容的規範。所以，這本書編寫時，在第一篇主要陳述一個可以作為編輯生命教育課程教學方案的生命教育建構概念。第二篇則依此建構概念，分別規劃與設計適合兒童期、青少年期和成年初期的三套教學方案，也就是規劃三套分別適用於小學、中學和大學的教學方案。

小學和中學的生命教育課程目的與性質較為單純，主要在協助學生個人發展出適切的生命意義觀與態度，通常採自助性質（self-help）的課程設計。在教學模式選擇方面，主要以「經驗／情緒」的教學模式為主。大學院校設置生命教育課程，則可分為兩種不同目的和性質：一種為自助性質的課程，課程的實施以「經驗／情緒」的教學模式為主，輔以「認知／講授法」的教學模式；另一種為專業性質的課程，課程的實施以「認知／講授法」的教學模式居要，輔以「經驗／情緒」的教學模式，學習內容也比較偏重死亡學的內涵。前者，目的在協助大學生發展適切的個人人生觀；後者，目的在養成與死亡有關工作之專業人員的工作知能。多數大學生的需求在第一種課程，唯有少數科系，如心理學系、社會與社工學系、哲學系、宗教學系、輔導與諮商心理學系、衛教學系、醫學系與護理學系等，因其畢業生未來工作上可能需要處理有關死亡、失落與哀傷的情境或案例，或需要教學研究生死學相關的課程，所以，需要有較多有關生命、死亡和瀕死的專業知識，因此適合第二種課程。這本書的編製，乃以大多數大學院校學生的需求為對象，因此，採第一種自助性質的課程方案設計。旨在教育學生對自己與他人生命意

義的了解與尊重,甚至了解各種生命與大自然存在的意義,發展適切的生命意義觀與態度,最終並發展出適當的個人人生觀。

本書編製共分為兩部分:第一篇「生命教育課程的設計基礎」,為本書生命教育課程教學方案的概念建構部分。共分為四章十七節,以結構分析的概念建構方式,分別探討個體生命意義的結構、人生觀的結構元素、生命和生活的範疇、生命教育的性質與定義、目標與範疇、生命教育的課程設計原理與教學方法等。第一篇主要目的在討論和建立一套假設,作為編製生命教育教學方案的基本參考架構。因此,使用者閱讀第一篇,有助於知道這套教學方案的教學信念,教學單元編製依據、實施主旨與實施原則,不同層面的主題選取,各教學單元目標的決定,以及教學方法的選擇。同時,可以協助使用者因應自己班級學生的需要,自行增減在同一個範疇內的教學單元,或在同一個範疇另外自己決定更適合的教學主題。至於,第二篇「生命教育教學方案」,共有四套:包括適用國小的教學方案二十五個單元;國民中學教學方案十二個單元;高級中學教學方案十二個單元;大學院校教學方案十八個單元。由於當前中、小學並無特定實施生命教育的授課時間,按教育部規定每學期至少須有二至四小時的生命教育,因此,編製二十五個單元以提供每學期約可實施兩個單元教學的分量。而大學院校通常開設有生命教育相關之獨立科目者,均以一學期為之,所以,編製十八個單元以提供充足的教材。雖然,各方案設計中、小學每一單元以一節課實施時間為原則,大學每一單元以兩節課可實施完成為原則,然而,教師可按實際需要增減該單元教學活動與時間,使學生獲得更有意義與充分的學習。此外,在各單元均附有參考書目,方便教師蒐集該單元教學相關資料。

目　錄

第二篇 生命教育教學方案

第 **1** 篇

生命教育課程的
設計基礎

　　任何用以改變人類行為的教育方案或課程的實施，都應該有一個系統化的建構概念作為依循，以便指引實施的目標、範疇、內容與方法。本書第一篇的主旨，即在經由分析生命意義的結構，發展出個體生命活動的範疇。其次，探討人生觀的結構，以便知道發展個人人生觀的內涵與方法。根據前述討論結果，發展出一個作為生命教育課程內涵的參考架構。最後，尚從課程與教學的理論嘗試尋找適合生命教育性質的課程設計原理與教學方法。因此，第一篇共分為四章：第一章，生命意義的結構；第二章，人生觀的內涵結構；第三章，個人生命結構與生命活動的範疇；第四章，生命教育課程的設計原理與教學模式。

生命教育 理論與教學方案

第 *1* 章

生命意義的結構

　　生命教育相當重要的目標之一，就是協助學生對自己的生命發現意義和發展個人生命意義感。然而，一個人的生命意義究竟如何？如何評價個人生命的意義？應由主觀評價？或由客觀評價？必須有足以服人的評價立場。本章擬由建構概念的角度，嘗試分析人類生命不同層面的意義，以便可以找到評價個體生命意義的立場。茲將上述任務分別詳細討論於後。

第 一 節　生命意義探索的途徑

一、知道思考的途徑，優於提供特定答案

　　想知道生命教育究竟需要教什麼，也就是想知道生命教育的內容是什麼，必須先探討生命教育的終極目標何在，而想知道生命教育的終極目標，必須先討論生命的價值與意義何在。不過，從思考如何確立生命教育課程教學的內涵與範圍而言，筆者並不希望提倡或規範一種特定的生命意義，去作為教導學習者或學生的教條。因為，有關人類生命的意義，自古以來已經有許多哲學家、宗教家，甚至當代學者著墨甚多。生命教育的終極目標主要在人生觀的養成（曾志朗，2000），因此不能採取注入式與教條式的教學方法，僅僅告訴學生生命的意義是什麼，要學生採用背誦式的學習方式，單單記住教條就算了。尤其，當教師個人有特殊的主義信念或宗教信仰時，將個人執著的生命觀與人生觀灌輸給學生是相當危險的做法。這可能造成學生的內心衝突或與其外在環境的衝

突,甚或信念早固而無發展的空間可言,可能導致扼殺個人更有意義的人生觀的發展。因此,必須採用啟發式與省思式的教學方法,從學生個人的經驗與認知基礎,去體會、去思考、去理解、去批判、去評價,因而產生個人獨特的知識。所以,在這一節主要在探討生命意義存在的層面,提供省思的範疇,協助學生個人可以去參酌前人智慧與個人經驗,去探討、發現、選擇與發展個人的生命意義觀,最後得以形成個人的人生觀,以取代和避免注入式的教導學生該有何所謂「正確」的生命意義觀和人生觀。

二、死亡突顯生命的價值

學者對於生命的意義有諸多探討,從宗教與哲學觀點研究生命的意義,緣起相當早。可追溯至西元前的宗教家與哲學家,如基督教、佛教;中國古代諸聖賢,如老莊孔孟;以及西方的哲人,如蘇格拉底與柏拉圖等人。從心理學觀點研究生命的意義,則晚至 1960 年代,由 May(1953)與 Frankl(1963)等人開始。近代學者視生命的意義為生命存在的重要性(Crumbaugh & Maholic, 1964),能賦予個體存在有方向感與有價值感的目標(Crumbaugh, 1973)。

May(1981)主張生命為死亡的反面,假如要思考生命的意義,則必須先思考死亡。傅偉勳(1993)也強調生命問題與死亡問題為一體之兩面。May(1981)和日本的森田正馬(引自傅偉勳,1993)都主張,神經質症狀起因於存在的焦慮。May 認為真誠承認個人必有一死,才能使自己得到解脫,而獲得無上的人生自由。他又說:「對於死亡的覺知,乃是吾人熱愛生命和創造的泉源。」(1983, p.103)簡言之,也就是領悟人生事大莫過於死,其餘與死相較均微不足道,因而心中減少掛礙,得以減少恐懼與焦慮。陳俊輝(2003)也有類似May的主張,認為從學理反思死亡現象時,由於人只能活一次,死亡為定命,因此才造就有限之生命的意義與價值,並強調當下正擁有實在的生命之重要性與不可替代性。曾經有瀕死經驗者對這樣的想法可能有最深刻與實際的體

驗，通常因此可以放下以前執著或害怕的一些人生俗事，而有嶄新的人生觀，也覺得生命變得比較有選擇與自由。

　　雖然，宗教家均主張有死後的世界與生命的延續存在，然而，個人真正可以實實在在掌握到自己的生命，也僅僅是這一世。由此觀之，死亡不只是人類的宿命，也是突顯生命價值與意義的反動。所以，生命教育的內容必須包括對於死亡的探討，以了解死亡的意義，方能真實領悟人生有限生命的價值。同時，也必須包括對死亡情境因應的學習，真實面對死亡，以減少死亡焦慮和減少迴避死亡。人若能面對必有一死的宿命，在人生方能確立真實的目標，作為指引人生的燈塔，個人生命的意義則發生於到達目標的過程。

三、生命意義的結構層面探討

　　學者認為可以從不同層面加以分析生命意義（何紀瑩，1994；Csikszentmihalyi, 1991; Fabry, 1980; Yalon, 1980）。Fabry（1980）將生命意義區分為：終極意義（ultimate meaning）與當下意義（meaning of the moment）。Yalom（1980）則將之劃分為宇宙的意義（cosmic meaning）與世俗的意義（terrestrial meaning）兩個層面。西方學者在探討生命意義時，多包括宇宙觀於生命意義之中。也就是採取廣義的涵義，包括探討宇宙生命的意義和人類生命的意義（韋政通，1985）。個人的生命意義，也就是 Yalom（1980）所謂「世俗的生命意義」，為個人可以體驗，也會變動，不同於宇宙的生命意義具有不變的定律，超越人類之上。由於在此討論生命的意義，主要為了尋找可以作為生命教育課程設計與教學模式選擇的原理原則，所以，主要僅試圖探討與剖析人類個體的生命意義結構，不以探討廣義生命意義的內涵為目的。

　　May（1981）提到人類的宿命包括三個層面：宇宙、遺傳和文化。由於生命的意義與其目標具有不可分的關係（Yalom, 1980），所以從宇宙的層面，筆者以為，生命的基本意義來自任何生物的生命必然都終有一死而起，這是宇宙不變的定律；而個體生命的終極意義，也是因為個

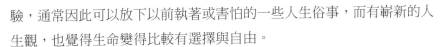

體的生命終有一死而生。前者,生命的基本意義為所有生物所共有,人類也不能例外。有生命的必有死,主要在維持宇宙恆存的動態穩定與能量。包括人類,每個人都終有一死,可以維持人類群體的生存與族群活力;後者,生命的終極意義,就個人而言,則指個體獨特的生命意義,也是個體生命的獨特意義,則為人類所獨具。這個個人生命的獨特意義,往往突顯了個人的遺傳特徵與環境,也受到個人遺傳和環境的限制。這個獨特意義的認定:一方面完全主觀性,為主觀的自我認定,因為只有具有智慧的人類會思索個人自己的生命意義,其實在這個部分的主觀評價,個人也會意識到社會的評價,或內化社會的評價;另方面則完全客觀性,因為人類有社會的存在,所以人類個人生命除了具有個人層面的意義,同時也具有社會層面的意義,即個人生命的社會或文化意義,這是由他人或社會所認定。所以,在人類方面,個人的生命意義也具有社會性。

綜合上述,當思索人類的生命意義時,可以經由三個層面去探索意義:其一,即生物層面的基本意義,具有宇宙普遍性;其二,社會層面的社會意義,小者具有區域性(如社區、族群、國家),大者具世界性;其三,個人層面的獨特意義,乃存在於個別性和主觀性。所以,個人獨特的生命意義,不只包括了個人自省的獨特性,同時包括個人面對其生命基本意義與社會意義選擇之際,主觀決定的結果。經由這樣的分析,目的在使生命教育的教學知道如何去協助學生個人,對於自己生命的目的、生命的運用與發揮可以有所選擇與決定,以發展個人人生觀和成就個人不同的生命意義。下一節將探討個人生命的三個層面意義。

第 二 節　個人的生命意義

一、個人生命的基本意義

從生物學的觀點,任何有生命的物體終有生命的盡頭,也就是出生

之後，都會經歷成長、茁壯、老死的過程。不論其生命過程久暫，最後的宿命終不免一死。雖然，任何生物天生都具有生存的本能，各種生物不必經由學習的獨特營生方式，便是其天賦的生存本能，好讓個體生命可以持續活下去，然而，死亡的宿命使得個體生命的本體終有衰敗、死亡與腐朽的一天。因此，生物都具有生殖的本能，這個本能便是一種生存的本能，好讓個體的生命本體死亡之後，經由生殖使生物本體的一個小小的部分得以保留，再經由細胞分裂、成長，繼續發展成一個具有原來個體特徵的新個體。絕大多數的植物與動物都是這樣過一生，也就是說，絕大多數的生物本身都僅具有生命的基本意義。儘管這些生物或許對於我們人類或個人有許多特定的意義，然而，對於絕大多數生物本身的生命，由於受限於其缺乏自由意志與受制於本能的擺佈，生命就只有別無選擇地活在基本的意義層面，力求生存與生殖。生殖也可以成為另一種個體生命生存的方式。

人類為動物的一種，因此，也與生俱有生物性的生存本能。所以，人類的生命也具有生物性生命的基本意義，就是生存與生殖，以使自己的生命與族群的生命得以永續。然而，不同於其他生物，人類的生命除此基本意義之外，尚有其他的選擇與意義。甚至在生命的基本意義層面，即在生存和生殖的生命活動目標，人也可以有不同的選擇，包括個人選擇不生殖，例如，當個頂客族；選擇不生存，例如捨身成仁。也就是在人類而言，即便是生物性的生命活動，也常變得具有個人意義與社會意義。人類為萬物之靈，人類的大腦功能非其他動物能及。因此，造就了人類的行為不盡然受到本能的約束，而有個人自由意志的選擇性行為。這也是人類生命最有價值的所在。意義治療大師 Frankl（1986）便主張，人類存在的最高價值便在於，個人對於限制其潛能發展的外在因素所採取的反應，他稱之為「態度的價值」。個人所採取的態度將被用來評量其生命的實現程度。Frankl（1986）極力主張一個人必須對自己的生命負責，他說：「人沒有權利來質問生命的意義，反而他應該認知，他才是被生命所詢問的對象，他必須以對自己生命的負責來回答生

命的詢問。」（摘自游恆山譯，1991，p.81）顯然，只有對自己生命負責的行為，才能造就個人生命的意義。因此，愈低等的動物愈欠缺自由意志，也愈依循本能的宿命過一生。而人類則可以選擇自己如何過一生，使得人類生命的意義得以擺脫完全受制於本能的擺佈。加以其他動物最多只有在瀕死的時候才能意識到自己即將死去，不若人類知道人生的有限性，可以意識到自己瀕死之外，尚能預測自己的生命與死亡，因此，多數人會規劃與善用一生，因而造就人類文明的進步與個人成就（May, 1981）。

二、個人生命的獨特意義

人類的個體會如何選擇自己生命的意義和目標，便與其獨特性有密切的關係。生理學與心理學方面都主張，世界上沒有兩個人是一模一樣的。每個人不但外表不同，在智能、才幹、經驗、情感情緒、想法、態度與行為等，也不會完全相同。每個個體都有其特徵，也就是個人的獨特性。經過社會化或教育的學習經驗，個人可以覺察自己的獨特性存在。Frankl（1986）深信：「個體存在的獨特性及所有生命情境的唯一性，是個人生命意義的基本構成要素。」（摘自游恆山譯，1991，p.93）這句話意指，個人的獨特性不只在於其遺傳的獨一無二特徵，也包括其有別於其他人的獨特人生歷程。基本上，個人生命的獨特意義乃由個人的獨特性與唯一性所構成。若就其與眾不同的特質而言，個人的生命具有客觀性的獨特意義。若在主觀的立場，不管社會對個人生命做何評價，個人對自己的生命自有一套主觀性的體驗與評價；也就是，一個人的生命對於這個人自己有獨特的意義感，不是他人可以體驗和否定的。這也就是個人主觀性的生命意義。因此，個體生命的獨特意義，可分為主觀評價的意義與客觀評價的意義。這也就是為什麼生命教育不可以強力灌輸學生特定的生命意義觀和人生觀，而是必須幫助學生去探討如何選擇與決定自己的生命意義。

三、個人生命的社會意義

　　人類生命的社會性意義，與人類潛在的本能有關。心理學家 A. Adler 指出，動物可分兩種，一種為獨居性動物，另一種為群居性動物。動物會營獨居生活方式或群居生活方式乃天生本能所支配，例如蜜蜂、螞蟻，不經學習便知道如何分工合作共同營生，而虎、豹之類天生偏好各據一方，獨自獵食，也是本能所驅使。Adler 主張人類天生有社會興趣的潛能，是由於人類屬於群居性的動物。而個人的社會興趣發展良窳，與早期親職教育成敗有密切關係。社會興趣發展愈良好，個人的群性發展也愈佳，人格發展將愈健全（引自 Ansbacher & Ansbacher, 1956）。若從 Maslow（1970）的「階層需求論」觀之，個體的重要基本需求滿足，幾乎都與群體關係相當密切。心理學家認為現代人心理健康的基本條件，至少在 Maslow 所主張的「愛與歸屬」階層的需求必須得到滿足。這種情形與過去農業社會有別。在農業社會，個人的健康主要關鍵在食物的有無；在工商社會，衣食無憂，疾病多半與社會—心理因素有關。Baumeister（1999）便指出：歸屬的需求是人類最重要、最基本與最廣泛的社會動機。無論是「愛與歸屬」或「自尊」的需求欲獲得滿足，均與他人有密不可分的關係。即便是物質性的安全需求與物質的需求，人類的個體多半也很難以完全獨自營生的方式獲得。既然個體的需求與滿足多半與群體有關，個體與群體之間的關係便有取與捨的相互關聯，也就是個體與群體之間的關係存有責任。良好的社會發展有賴於每一個人的貢獻，社會對個人相對的也有照顧責任；個人需求取之於社會，對社會也應負有相對的奉獻責任，這個責任乃個體生命具有社會意義發生的起點。

　　Frankl（1986）也認為：「人類有一種情感上的群居性，但除此之外，群體還有另外的功能。個體的存在不僅需要有群體，才能成為有意義；反過來說，群體也需要個體的存在，這樣它才能具有意義。」（摘自游恆山譯，1991，p.92）這裡 Frankl 所說的個體的存在，要有群體才

能成為有意義，顯然是指個人生命的社會意義。Frankl（1986）又繼續提到：「『個體性』的意義在群體之中才得以完成，所以就這個層面來說，個體的價值是依賴於群體。而群體本身要有意義，那麼它也不能排除所屬個體的『個體性』。」（摘自游恆山譯，1991，p.93）Frankl 非常重視個人與群體之間的關係，強調個體性的意義不能獨立於群體之外。個人生命的社會意義與其個人之「個體性」有密切關聯，個體性就是一個人的獨特性與唯一性。他特別強調個體「好的獨特性」被導向群體，將使得個體具有獨特的重要價值。從客觀立場，這項獨特的重要價值也正是個人的社會價值。因此，個人生命的社會意義，乃是由個人生命的社會價值所決定，所以，個人生命的社會意義也成為其獨特意義的一部分。而個體生命的社會意義則通常為一種客觀性評定，為客觀性的意義，也與 May 所謂的文化層面的宿命有關。

四、結論

　　由上觀之，生命教育在協助學生發展個人的生命意義觀之途徑，必須經由探討個人與其他生物的基本生命意義與關聯，進而探究個人生命的獨特意義與社會意義的關聯，作為開始。個人學習去知道與了解宇宙生物的基本生命意義，得以進而發現自己生命與其他生命的關係，可以學習接納與尊重不同的生命；發現與知道自己的獨特性，則有助於充分發展自我，以及體現個人生命獨特的意義與價值；而了解所處的社會文化，甚至世界性的文化，則能從所知的文化情境脈絡去體驗尊重不同文化，以及體認個人與群體的關係，並從關係中尋找和發展個人生命的社會意義。個人統整了對生命意義基本的選擇、個人獨特意義的選擇，以及對社會意義的選擇，則可以發展出個人獨特的生命意義觀與人生觀。

第 **2** 章

人生觀的內涵結構

第 一 節　人生觀三元素：「方向」、「意義」與「理想」

　　人生觀，就字面的意義，「生」可視為「生命」或「生活」的意思。因此，人生觀可視為一個人對生命與生活的基本思想。而所謂基本思想就是最具概括性，同時也是最高的原則。德國哲學家鍏堅所著《大思想家的人生觀》論述西方思想史上各家對於人生與宇宙問題的看法，將人生觀的範疇擴及人對宇宙的看法（摘自韋政通，1985）。也就是思考人和宇宙的種種，包括對於宇宙存在的想法。這樣廣泛的人生觀乃是包括了宇宙觀。羅家倫先生認為人生觀就是一種人生哲學（摘自韋政通，1985）。若視哲學為思考「思想」之學，則人生哲學可視作思考人生的一種思想。而個人的人生觀就是個人思考人生意義、價值與目的之思想所得的結論。因此，擁有人生哲學觀的人，主要在不斷地對生命與生活的看法與態度進行省思而得。這種思想的產生，不分個人的教育水準與社經地位之高低，重點在能去省思意義。Frankl 便堅信，不分性別、年齡、智能、教育程度、宗教信仰，每個人都有特殊的使命與意義。能了解自己生命的獨特使命者，可以經得起任何考驗與挑戰。這也是個人生命意義所在。因此，人生觀可視作個人生命活動的指引，蘊涵有個人的目標和價值觀，也成就了個人生命的獨特意義。所以，人生觀也可以說是一個人的生命意義觀。

　　韋政通（1985）將人生觀界定為，人對於生活所抱持的基本觀點與

態度；並且主張人生觀的發展是，個人試探人生的道路，賦予生活的意義，並建立人生理想的一項工作。他由「路」、「意義」、「理想」三個基本結構分析人生觀的議題，並主張人生觀完全是主觀的、直覺的、綜合的，且為自由意志所選擇的。韋政通所說的「路」，實際上是指一個人的人生方向。筆者以為，「方向」、「意義」與「理想」正可視作人生觀內涵的三個結構層面。綜觀前面羅家倫、韋政通和 Frankl 三人對於人生觀的定義，在此將人生觀視作個人省思生命與人生的基本信念。這裡所省思的生命，包括自己、他人、非人類之其他生命，以及大自然和宇宙的生命。

第 二 節　尋找個人人生「方向」的必備條件

韋政通（1985）主張一個人要能找到真正適合自己的路，必須具備兩個條件：一是獨立；二是個性。的確，獨立與個性是一個人建立自己人生方向的基本條件。筆者以為，獨立不只表示一個人不用依賴他人，也表示這個人是自由的，不為他人所主宰。唯有可以獨立，也能獨立的人，才能為自己做選擇，並為自己的選擇負責任。不被允許獨立的人，乃是一個由他人代為做選擇與決定的人，選擇與決定的權利操之在他人；反之，缺乏獨立能力的人，則是凡事需要他人代為選擇與決定，選擇與決定的權利交付他人。前者如集體主義的社會，個人的決定權被剝奪；後者如精神病患，無能力為自己做決定。因此，前者將不願意，也不應該為選擇與決定的結果負責；後者則不能夠，也不需要為選擇與決定的後果負責。所以，兩者都不具備為自己做選擇與決定的條件。意義治療大師 Frankl（1986）也提到：「個體存在三要素：靈性、自由、責任。」（引自游恆山譯，1991，p.16）他所說的「靈性」是一個人自身的存有，也是一個人的獨特性。而「自由」是指有選擇的能力，是決定的自由。May（1981）便認為心理治療就是使人獲得自由。他所說的自由是指由於領悟生死的意義，而獲得心靈上的無限自由，可以遠離生活

的焦慮；能遠離生活焦慮，則是由處在任何情境都感到可以有所選擇而得。由此可知，心靈的自由乃是個人可以對人生有最大選擇能力的源頭。即便一個人深陷牢獄，身不由己，然而心靈仍可以自由；圍牆只能圍住一個人的身體，無法圍住一個人的心靈。領悟這個道理的人，通常也已經深刻體悟獨立的意義。所以，一個人必須有最基本的獨立能力，方有起碼的選擇自由，可以試探自己的人生方向。任何人都不是他人的附屬品，而是獨立自由的個體。不過，在成長中的兒童與青少年，由於生存需求的依賴，也就是尚無法有自謀生存的獨立能力，導致選擇的自由程度須視提供依賴的成人的容許而決定。然而，兒童與青少年也是獨立的個體，不是父母或任何人的附屬品。由於兒童與青少年也必須學習做選擇，有條件且適度的容許自由與選擇，正是訓練兒童與青少年獨立與自我負責的方法。

　　然而，一個能獨立的人在人生道路上究竟選擇什麼方向才合適自己？或自己感到合適？則需要充分認識與了解自己的特色。所謂一個人的特色，也就是一個人的個性。每一個個體都是獨特的，沒有兩個人會一模一樣，乃個性所致。個性英文「individuality」，指一個人的聰明、才智、性向、性情（也就是情感情緒）、價值觀、態度、行為等的特色，使一個個體有別於其他個體。有個性的人，並不是指一個標新立異或特立獨行的人，而是一個能發揮與表現個人特色的人。因此，愈有個性的人，也愈能呈現與他人不同的個人特色，通常是個人的優勢與特長；反之，愈沒有個性的人，是一個愈少呈顯與表現個人特色的人，也就是將自己與別人不同之處加以隱藏與壓抑的人。時下許多年輕人常將「標新立異」與「個人獨特性」混為一談。就其本質，標新立異常與市場導向有關。每一個年代有不同的流行，與流行共舞，走在流行的尖端以突出個人，所產生的為標新立異，所以年年不同；獨特性是與市場流行導向完全無關的個人特質表現，所以與個人的成熟並進。在個人主義的社會，通常突顯與表現個人特色，會受到鼓勵與增強。因此，個人比較有高度自由做選擇，以及依照自己的特色來表現，所以容易突顯個

性。然而，在集體主義的社會，則反之。所以，集體主義的社會強調群性的價值，不強調個性的價值，群體的目標優先於個人目標。由於自由的高度有限，個人沒有充分的自由做選擇和依照自己的特色來發展，也就沒有充足的機會來尋找適合個人的人生方向。以我國過去傳統為例，便是一個集體主義取向的文化與社會。家族的理想與期望遠比個人的理想與期望重要，多數時候，個人只能按照家族的理想與期望來選擇個人人生目標，踏上人生旅程。因此，一個人若欲尋找到適合自己的人生方向，基本要務在自我認識與了解，並有發展個性的機會，尤其是發展與發揮個人特長與優點。

第 三 節　發現個人生命「意義」的途徑

個人如何發現與發展自己生命與人生的意義呢？意義主要存在關係之中：存在個人與自己的關係之間，也就是自我關係之間；存在個人與他人關係之間，也就是人際經驗之間；存在個人與其他生命之間，也就是物我經驗之間；甚至存在個人與環境（包括自然、宇宙）關係之間，也就是天人經驗之間。不能看到個人與自己生命之間的關係與責任的人，必定不會發現自己生命的意義，也就是不能領悟自己生命的獨特意義，連帶不對自己負責；看不到個人與他人生命關聯與責任的人，也必然無視於他人生命對自己的意義，或自己生命對他人的意義，也就不能領悟自己生命的社會意義，連帶不對社會負責；無視於個人生命與其他生命關聯與責任的人，當然也不會認定其他生命對自己的意義，或自己生命對其他生命的意義，連帶不對其他生命負責；還有，看不到環境與自己的關聯與責任的人，當然不會認知環境對自己的意義，或自己生命對環境的意義，也就是無法領悟自己生命的更大意義與責任。而這一切的緣起，都由個人經驗自我的關係開始，也就是 Rogers 所謂「自己」（self）與「自己的經驗」（self experience）關係之間。Rogers 認為，當一個人經驗到自己的「自我概念」與「自己的經驗」不吻合時，這些

經驗便無法被自己接納和統合到自我結構之中，那些經驗無法產生個人意義，只有引發內在衝突與焦慮。也就是個人體驗到自己很難與自己的經驗有關聯，因此通常不會去自我負責；對自己沒有責任的人，也就很難期待會對他人負責。

在上一段提到中國人傾向集體主義，這僅僅是從文化角度探究的結論。費孝通（1947）從心理學的角度，以「差序性同心圓」的概念看中國人，便認為中國人是典型的個人主義者（引自侯玉波，2002）。在同心圓的擴張，從「我」到內團體的「我們」，都與我有關，餘者便被劃為外團體，就是「他們」。這種「人、我」之分，促成內團體的成員向心力與凝聚力，且認為「我們」的團體高於、且優於外團體，有時會因為向心力趨強，排外力也愈強（藍采風，2003）。顯然，中國人不盡然是一個真正集體主義者。Markus 和 Kitayama（1991）也認為東方文化建構的依賴型自我結構，自我的內容由自己延伸到與自我關係密切的他人，但是並不包括與自我無關的人。對中國人來說，自我的內容在一定程度上與個人的內團體重合，因此，在處理與外界的關係往往以內團體為依歸。這就可能很容易使個人在利益福祉的考量，限於這個內團體為優先。或許因為這樣微妙地融合了集體主義與個人主義，使得中國人在傳統血緣社會解構之後，普遍比較難以看到個人對於現代非血緣組成的社區和社會的「公德心」。因為社區和社會在傳統的中國人文化中是屬於外團體，屬於非我。這是目前生命教育推展時應特別加以注意所在，務使學習者能去發現超越血緣的其他人群與自我的關係的意義。

其次，一個人對於關係與責任的學習，主要在成長迅速的兒童期與青少年期。因為，這兩個時期是人生處理兩種截然不同關係的能力發展之重要時期。前一個時期，是個人學習安全且充分依賴的時期（Bowlby, 1995; Eickson, 1964）；後一個時期，則是一個人學習安全與充分心理獨立的時期（Mahler, 1974）。個人在進入成年期已經擁有物質或生理與心理獨立，而能與他人建立真正相互依賴的關係。兒童與青少年則尚未有足夠物質性生存獨立能力，所以重要他人對兒童與青少年的影響至鉅且

深遠。兒童對於與己、與人關係的學習,主要來自參與性的經驗和觀摩典範。被善待的兒童,將一方面體驗到正向意義的自我經驗,另方面體驗到正向的他人經驗,以及正向意義的人己關係。被忽略的兒童,無法學習和體驗與他人的關係與意義;被傷害的兒童,只有學到和體驗到與他人之間負向的關係與負面的意義。Walters(1997)便提到:「有能力信任以及能信任愛的力量的人,比經由懲罰鍛鍊出來的人,更能好好處理人生的挫折困頓。」這種情形,可能與這種人在挫折困頓中仍可以看到自己的生命意義有關。

　　個人生命意義內涵的發展有如立體同心圓的開展一般,由中心的一小圈向外、向上逐圈擴大。擴大是意義的內涵廣度,向上成長是意義的內涵深度。從嬰幼兒期對自己與對母親的關係與意義之發現和發展,隨著年齡成長逐漸擴大到與其他人的關係,與其他生命的關係,甚至與環境的關係。因此,個人對於生命意義的觀念尚有一個特徵,就是可以隨歲月與個人成長而不斷發展與變動。一個人能看到有意義的關係之圈子愈大,也將愈有大作為。偉大的哲學家與宗教家,甚至科學家,便是窮其一生都在探究宇宙與人類生命的意義。哲學家常會關心和探討到人類生命與宇宙的關係,因為他們認為人與宇宙存有特定意義的關係。宗教家所注意和關心的人,常常是超越血緣、族群、國籍等的界限,他們會看到自己的生命與這些不認識的人之間,也存有一定的關係與意義,因此,投注個人一生的生命來為世人工作。他們甚至視其他生命和大自然(包括上帝或神),與人類都有特定的關係與意義。如哲學家和宗教家這類人的人生觀之所以宏偉,即在其所見有意義之關係,範圍特大。因此,他們的作為也受到個人信念的指引,而能對世人有所貢獻,或廣為世人服務。所以,在協助學生發現與發展個人生命意義時,最基本的教育方法就是協助學生發現個人與自己,個人與其他人、與社會、與其他生命,甚至大自然之間有意義的關係。

第四節　「理想」，個人築夢的發展

在人生觀的結構三元素之中，「理想」可以比喻為個人建構人生的藍圖，是一種想像，也是一種規劃。這個人生藍圖並非一成不變，而是隨人生的進展，會不斷地更新。林文其（2002，p.24）便說：「內化到個人心中的總體生命藍圖不是一個封閉的世界，而是開放的、一個可以不斷擴展與加深的內在世界。所以，與其說人是在找尋一個總體的生命藍圖，不如說是人在心中不斷地調整與構畫著一個較完整的總體生命藍圖。」由此可見，人生觀的發展是一個人一輩子的功課。

常言道：「人生有夢最美。」夢想與理想在性質上其實並無太大分野。有人硬將夢想與理想區分為：前者為天馬行空，不務實際；而認為後者較切合實際。其實兩者最相似之處在於，都是一種想像。一個活的人便有未來，對於未來生活與生命抱持期待，乃是健康的人必然的行為。這個抱持的期待，便是一個人對於自己未來生命的期待，也是一個人的人生理想。對於未來抱持有希望與理想，是心理健康的重要指標。一個人想像與選擇什麼樣的人生，通常與自我概念有密切關係。自我概念實際上可視為個人選擇人生觀的參照核心。不只如前面所述，影響個人人生方向，也左右個人生涯發展。國內研究生涯的學者便認為，一個人的生涯觀涉及個人的生命觀，深刻影響實際生涯發展行為的方向與方法，也是造就每個人在生涯觀上的個別差異之根源，所持人生哲學差異，也將呈現不同風格的生涯發展（劉淑慧，2000）。由此，似乎可以肯定人生觀是個人生涯的核心指引，而人生觀必包括個人對自己人生未來的理想。

兒童對未來的期待，受到生活與人生經驗較少的限制，通常比較遠離現實（reality），而充滿幻想。研究生涯發展的學者便認為，兒童在十歲之前的生涯發展以幻想為主，以他們心目中喜歡的角色作為模仿對象（Ginzberg, Ginzberg, Axelrad, & Herma, 1951; Herr & Cramer, 1996），

主要發展重點在職業自我概念的發展，並以覺察能力的發展為主要重點（田秀蘭，1999）。顯然，在兒童時期，是一個人一生會選擇做什麼樣的人的濫觴。而對於自我發展有幫助的方法，就是增進兒童的自我覺察能力。這個時期既是個人自我概念發展的基礎時期，也是奠定青少年時期個人自我認同追尋基礎的重要時期。自我認同的追尋，其實就是一種尋找「理想自我」的心路歷程。因此，文學家常用「追夢」來形容這時期的人生。青少年期對未來的期望，表現在與個人自我認同的整合。青少年期是個人生涯試探的重要時期。青少年通常對自己的未來人生充滿憧憬與夢想，從生活經驗中不斷自我省思，並進行生涯角色試探。這是一個人生未定的時期，而具未定性，也正是最重要的時期。因為在其人生價值與選擇，正處於最有可塑造性的重要時期。到成人初期，個人才開始去實踐自己的職業偏好；其後，則以建立、發展和維持為要（Ginzberg, Ginzberg, Axelrad, & Herma, 1951; Herr & Cramer, 1996; Isaacson & Brown, 1993；Super, 1969, 1990）。所以，一個人對未來的期待會比較趨於現實，至少要在青少年之後。由於青少年期為個人生涯試探的重要時期，青少年中、後期通常是對人生思索的重要階段，也就是個人人生觀發展的蓬勃時期。廣泛提供不同的人生價值觀與生活經驗，教導青少年做選擇，對於青少年建構人生理想最有幫助。若從心理學家所提示的自我實現的觀點來看，個體從青少年之後便進入自我概念發展的主觀期，也就是從個人主觀經驗來看待自己。此後對於自我實現的期待將變得更為迫切。所以，到成年最大的人生理想往往是自我實現。其實，自我實現只是一種過程，實現的內涵則為個人的人生理想。

第五節　結論

綜合前述，人生觀的形成為一種長期性的教育與發展的過程，包含了心理自我發展工作，道德和價值觀學習與發展的工作，甚至涵蓋個體生涯發展的工作。在兒童期，主要建構個體對自己關係與生命意義的基

礎，並培養對待自己生命與其他周遭生命態度的基礎。青少年期則是一個人迅速擴充自己生命與其他生命關係與意義的重要時期。尤其，進入形式運思期之後，青少年得以有能力對自己內在經驗進行觀察與抽象形式的省思，也就是具有反映性抽象化（reflective abstraction）的能力；而且生活的層面與範疇不斷擴大，生活的經驗更為豐富，為個人人生哲學觀萌芽與成長非常迅速與重要的時期。大學生為成年初期，則為個人人生哲學觀發展的具形階段。實徵性研究便發現，隨著年齡的成長，個體在生命意義的內容有明顯變化，中學生對於生命意義的描述比較具體，大學生則變得比較抽象（Miller, 1985）。顯然，大學生的生命意義觀更具抽象的哲學思維。在台灣的研究發現，在國中階段已經發展出有關生活信念的人，微乎其微，只佔0.6%（宋秋蓉，1992）。這樣的事實，一方面顯示，可能到了高中階段才是發展人生信念的重要時期；另方面也提示，生活信念發展在國中階段的不足與生命教育的重要性。

　　生活信念為個人對於自己的生活經驗所產生的意義，加以抽象性的思維結果，這項工作對處於青少年早期的國中生，才正開始。國小與國中的生命教育似應配合發展階段的認知能力與需求，以物質與生理層面和心理層面的意義發展為要。在高中和大學這段期間，則以協助學生進行生命意義的靈性層面探索，主要為幫助學生發展靈性層面的生命與生活信念的良好時機。在這個時期，個人不但開始發展親密關係，準備建立家庭，也是生涯準備與進入的建立時期。人生觀的形成，不但未來可用以作為個人成家立業的選擇與決定的指引，成家立業後，成人生活世界的真實經驗，更是個人人生觀的考驗場所。有明確的人生觀，可以帶給個人靈性的內在力量，得以超越人生的困境，以及突破生命的迷思。進入成人期的生活，對個人人生觀將有更多的挑戰與省思。一個人能夠不斷省思與精進，其人生觀當可更為周延與提升。因此，個人人生觀的精進與提升，是一種隨著成長與發展階段不斷改變的歷程，也是一種需要不斷自我省思和教育的工作。所以，生命教育實則為全人教育，也是終身教育，必須是長期性、系統性、結構性的教育方能發揮功能。

第 **3** 章

個人生命結構與生命活動的範疇

　　心理學家有將身、心視為一元的假設和將身、心視為二元的假設，兩種不同理論。不論前者或後者，相似之處在於將人的生命結構化，至少分為有「身」與「心」兩個元素結構；並且認為，身體自成一套生理組織和運作系統，心理另成一套組織和運作系統。一元論和二元論之分，主要在於身、心兩方的組織在運作時是否同時交互作用與影響。因此，建立一個個體生命的結構假設，將需要分別分析個體的生命結構元素、活動範疇，以及活動目的。所謂個體的生命結構元素，也就是個體的生命由哪些部分所組成。生命結構的各部分因為有組織，有一定的運作過程與功能，因此可視為一種組織系統。生命活動的範疇，即活的個體在各部分的組織系統活動的主要範圍，也是一個個體的生活範疇。各個組織和系統的生命活動目的，也是生活的意義所在。

第 一 節　人類生命結構三元素：
　　　　　「身」、「心」、「靈」

　　為了分析個體生命的活動內涵，以便作為建構生命教育課程實施範疇與內容的依據，於此提出一個假設，即個體是由「身體」、「心理」、「靈性」三部分所構成。這三部分各有其運作機制與系統，然而，相互之間並非完全獨立，而是互通互動。

　　醫學和生理學主要在研究個體的生理與身體。雖然心理學對個體研究的旨趣，有一部分也在探討生理與身體，以及其與個體的行為和心理活動之間的關係；但是，心理學主要還是在探討個人心理活動與行為相

關層面的議題。而哲學與宗教的旨趣,則在探討個體的信念與靈性活動有關層面的議題。所以,醫學和生理學、心理學、哲學和宗教等,分別研究人類身體、心理、靈性三方面的生命活動。由於不同學術領域的學者可能使用相同的名詞表示不同的概念,而且多數的心理學者在工作範疇並不包括個體靈性層面的探討,為了溝通方便,必須先做名詞界定,找到比較具體可以作為確立施教範疇的概念。「生理與身體」的定義與範疇由於較具體,一般人比較容易有一致的概念。至於「心理」與「靈性」這兩個概念則不易界定與區辨,將於後面比較詳細討論,並分別說明「心理」與「靈性」這兩個概念在本書中使用時的定義。

第 二 節　靈性層面

首先討論「靈性」這個名詞。因為這是一個使用普遍、卻又意義很混淆的名詞,於此,希望藉由不同心理學者的看法,來建立「靈性」的概念。

人體為了保持生理活動之恆常狀態(homeostate),而有自律系統;為了保護身體免於受到侵害,而有免疫系統,甚至有壓力反應系統。心理學家認為,在心理方面也有類似這樣的機制,人在精神(psychic)層面有相當於生理的免疫系統的一套自我照顧系統(self-care system)(Kalsched, 1996)。事實上,心理的自我防衛也如同生理的壓力反應,其功能:一方面,有助於個體維持與發揮心理功能;另方面,使個體得以免於來自內外壓力源的侵襲。Jung 學派的學者常將心性(mind)與靈性(spirit)兩個名詞加以通用。Jung(1946)主張,人的「精神」與「生理」、「靈性」兩者都有相連,並介於兩者之間,是半身(half bodily)半靈(half spiritual)的實體(substance)。來自生理與身體的經驗,或來自靈性的意義或活動,都與精神相關聯。例如,身體被暴力虐待可能導致精神創傷,便是來自身體的負面經驗導致精神的傷害;又例如,宗教信仰與個人需求衝突導致恐懼,便是來自靈性的衝突導致精神

層面的分裂，以降低衝突的焦慮感。Jung（1945）認為，精神是一個可以統合身心兩邊經驗的組織（organism）。顯然，Jung 所說的「精神」即心理學所研究的「心理」範疇。

Winnicott 認為，人在嬰幼期當母親照顧不充足時，會形成「心性─精神」（mind-psychic）或「心性─客體」（mind-object）這樣的病態。正常狀況下，精神狀態應為身心經驗（psychosomatic experience）統合（引自 Corrigan & Gordon, 1995），是由於精神創傷，才會導致身心不統整。Jung 與 Winnicott 都明確區分了「精神」與「靈性」或「心性」為不同的實體，「精神」為半生理、半心理的實體，而「靈性」則為完全非生理性的實體。Jung（1945）並且在闡明「靈性」的涵義時，特別指出包含有兩種意義：一方面，可作用為「啟發」（spirited）的意思，將靈性視為功能；另方面，表示靈性是指原則或態度，將靈性當作內涵。無論前者或後者，都可以了解Jung 所謂的「靈性」，均與認知的理性作用或結果有關。

Kalsched（1996, p.63）認為：「『心性』就是心智（mental），為主要與左腦有關聯的理性思考能力（rational capacities of thought），傾向於抽象、概念形成與邏輯推理的特色。」因此，主張心性可以就感官經驗之中產生意義。顯然，Kalsched 所謂的「心性」是個體的思想所在，「心性」這個實體的功能就是思考，其結果是所產生的思想；而且，心性還可以就其所產生的思想，再進行省思，這是一種內省的能力。他與 Jung 一樣，有時也使用「靈性」替代「心性」。顯然，Jung、Winnicott 和 Kalsched 都將「心性」與「心理」（psycho）視為具有不同意義與內涵，他們對於「心性」意義的詮釋是指靈性。

Judith Herman（1997）在論述心理創傷與復元時，主張創傷事件會傷害到一個個體的照顧系統（systems of care），這個照顧系統是個體心理內在的一種結構。這個照顧系統可以使個人感到能夠自己主宰（control），可以建立和保持與人己的關聯（connection），可以產生意義（meaning）。基本上，創傷事件不只影響到自我（self）的心理結構，

同時也傷害到依附關係與意義系統。依附是指個人與社群的情感性關聯，意義是從經驗而來的信念（beliefs）。這個理念正好與 Kalsched 主張「心性」可以從經驗中產生意義的說法相吻合，只是 Herman 強調的重點在意義為一種信念。Herman 認為，最嚴重的精神傷害會使受害者喪失對自然（指包括上帝或神）的信念，這樣的人可謂萬念俱灰。復元工作，首先得修復其關係或依附系統，才能修復其信念系統。Herman 所謂的「信念系統」，便類似於 Jung 等人所謂的「心性」或「靈性」，而且是個體對各種關係所經驗的意義所在。

另一位大師，即創立意義治療法（logotherapy）的 Viktor E. Frankl，便主張人是生存在生理的、心理的，以及靈性的三次元結構空間之中，並且強調個體的靈性層面是一個絕對不可忽視的層面。他創立意義治療法主要便是在治療一個人的靈性層面。雖然，宗教也是在拯救一個人的靈魂，不過 Frankl 所謂的「靈性」，在意義治療法之中並無宗教上的涵義，而是指一個人的特殊性。他曾表示：「一個人是否關心生命的意義，不能被視為他是否罹患疾病或精神官能症的一個必要條件；甚至我們可以說，心靈上的苦悶與精神上的疾病之間，似乎還牽扯不上任何直接的關聯。但是我們絕對相信，唯有能洞察到人的靈性層面的人，才能對這方面問題做適切的診斷。」（引自游恆山譯，1991，p.4）一般心理學家都認為，人最基本的需求是滿足生理生存的需要。然而，Frankl 卻極力主張「意義意志」（will-to-meaning）才是人類最基本的需求，原因是，存在的意義是一個人生命活著的根本理由，因為其他動物不會考慮到自己生命的存在意義。他也同時強調，意義治療法並不是一種真正的心理治療的方法，而是一種處理個人人生觀或哲學思想的方法；目的不在取代已有的心理治療法，而是在補足心理治療法的不足，為一種以心靈層面為核心的心理治療。因此，他說這個治療方法主要在「處理病人參考架構之內的哲學問題」（引自游恆山譯，1991，p.35）。可以看到，Frankl 是另一位將靈性與心理做明確區分的學者；而且他所界定的靈性，與個人面對生命與生活參考架構中的哲學思想有關。

綜合上述，各學者所說的「心性」、「靈性」、「信念系統」、「意義意志」，都意涵著個體的理性認知運作與結果所在，而且與從生活或生命經驗產生的意義特別有關。由於沒有兩個個體會有相同的生命經驗或生活經驗，因此每個個體的「靈性」都是獨特的，靈性也被視為個體完全非生理性的部分。這些心理學家所說的靈性，也與宗教意涵的靈性或靈魂不同。所以，筆者在本書之中將「靈性」界定為個體的理性認知活動與信念系統，以表示是個體用以對自己的身體經驗與心理經驗產生意義的理性認知運作功能所在，同時，也是個體擁有一套對待生命與生活的基本思想所在；也就是，個體就其對己、對人、對物、對宇宙等關係中的經驗產生意義的一套信念所在。是個體指導其對待自己、他人、其他生命，以及自然和宇宙的觀念與態度之最高原則。

所以，靈性的內涵也相當於一個人的人生哲學或人生觀。靈性層面最重要的活動目標，在尋求存在的意義，包括個人存在的意義、他人存在的意義、其他生命存在的意義、自然與宇宙存在的意義，甚至上帝或神存在的意義。一個人靈性層面的大小，便由其能夠洞察與領悟到的意義範疇大小所取決。由於意義的發現是在關係之中，人是由發現自我存在的經驗，用以發現他人的存在，因此，能夠發現自我生命存在意義的人，才能頓悟他人生命存在的意義，以至於宇宙間其他生命與非生命的存在意義。在靈性層面的生命教育，主要目標便是發現生命存在的意義，以及促進個人人生觀的建立與不斷的提升。這個過程必須經由協助個人發現其自我生命存在的意義為起點，而以頓悟人與自然之間的關係的意義為終極點。

第三節　心理層面

其次，討論「心理」一詞在本書中的定義與內涵。心理與靈性的區隔，在於靈性是完全為非生理性的，而心理則不是完全生理性，也不是完全非生理性。早在十九世紀末，便有學者開始界定科學的心理學定

義。William James（1890）認為：「心理學是研究心理生命現象和狀況的科學……這些現象包括感受、慾望、認知、推理、決策及好惡。」（引自鄭伯壎、洪光遠、張東峰等譯，1990，p.13）這樣的定義以心理活動為主。到了二十世紀，由於行為主義心理學興起，心理學有了新的定義與範疇，主要限於可直接觀察的行為之研究。直至 1970 年代以後，由於人本心理學的盛行，心理學又有了全新的定義與範疇。Ernest R. Hilgard 界定「心理學」為研究行為及心理過程的科學，可包括行為，以及行為與神經生物學可直接觀察的資料所衍生的心理活動過程（引自鄭伯壎、洪光遠、張東峰等譯，1990）。所以，心理活動可包括語言、行為、態度、認知、情感、情緒、需求、慾望等等活動。不過，這樣的界定只能知道心理活動的性質，無助於作為課程建構的概念。因此，筆者將借用一個特定的理論作為闡釋本書中所指的心理活動的範疇。

Albert Maslow（1970, 1962）的需求階層論，最有利於具體了解個體心理活動的範疇。在其理論之中，有兩個重要原則：第一，人類基本需求有優先次序存在，例如愛與歸屬的需求優先於自尊的需求；第二，下階層的需求滿足之後，才會激發上一個階層的需求出現，例如愛與歸屬的需求獲得滿足後，才會激起自尊需求的出現。在 Maslow 所揭示的人類五大基本需求：「生理或物質」、「安全」、「愛與歸屬」、「自尊」和「自我實現」，其中，「安全」又可分為物理性或物質性的安全與心理性的安全。人際的安全感便是一種心理性的安全。因此，按照這個理論，個體在心理安全、愛與歸屬、自尊、自我實現等四個階層有關的行為與心理活動，便可視作個體的心理活動範疇。這個心理層面的主要活動目標，在尋求滿足或滿意的經驗，包括心理安全的滿意、人際關係與情感的滿意、自尊的滿意，以及自我實現的滿意。所以，這個心理層面的基本目標是心理安全感，而最高目標乃在獲得自我實現的滿意。

因此，在心理安全、人際情感、自我價值，以及自我實現的個人生活經營，便是以心理生活為個人生命活動的重點，心理活動層面也為人類生活與活動範疇普遍最廣泛之處。在 Maslow 的需求階層論中，心理

的安全需求、人際、人群情感（愛與歸屬）的需求、個人價值感（自尊）的需求，甚至自在圓滿感（自我實現）的需求，都是屬於個人心理活動的主要範疇，也是多數人一生活動的主要範疇。經營滿意的人際、人群關係與良好的自尊，是生命在群居形式的生活中主要的活動目標，也是個人生命在社會生活面的表現。所以，在這個層面，生命的意義主要由生活體驗來決定。體驗情感的滿足與自尊的贏得，都使得一個人感到生活有意義，也感到生命活得有意義；尤其可以活得自在，就是活得像自己，為一種自我充實完滿的感覺，心理感到最為滿意。所以，心理層面生命的意義，便在生活體驗的滿意與否。以追求情感滿足、追求價值感滿足，甚至追求自我圓滿感為要的人，其生命活動都是在心理生活的人生境界。

在物質貧乏的農業社會，維持溫飽不易，生活衛生環境條件差，一個人的主要健康目標在身體的健康。一個工商發達的社會，通常物質富裕，維持身體的健康不再是一件難事，反而是因為人際疏離與追求價值感的壓力，形成威脅個人健康的來源。因而，在高度工商化的社會，個人健康關注的焦點，便由身體的健康轉為心理健康。所以，現代人要保持健康的主要條件，便由食物轉為情感。偏偏在工商社會，最大問題也在人際、人群的情感疏離與關係的不穩定。因此，在心理層面的生命教育目標與任務，主要在協助個人學習有效人際與人群關係的技巧，以便發展個人覺得有意義的人際關係，並獲得成就或成功的經驗，以及發展積極正向的自我和自我認同，終極目標在協助個人尋求自在圓滿的生活，也就是自我實現的生活。

第 四 節　身體或生理層面

至於生理與身體層面，人也包括了生物的本質，最基本目標乃在能活著，也就是生命的存活。而生物的本能，活的生命必有一定的生物性宿命：由出生開始成長與發展；而茁壯，至成熟；然後步向衰老，最後

死亡。這個生命歷程人類也不能例外。Freud 主張生是一種本能，可用以對抗死的本能。因此，生物透過生殖，使得自體在衰敗、死亡、腐朽之後，自己的生命得以藉由另一個個體繼續生存下去。

不過，人類在生理與身體層面的生命活動，除了生命歷程與自體死亡的生命最後宿命無可選擇之外，並不是完全依照生物本能所決定。人類不但有智慧，而且有自由意志，因此，在這個生理性的層面，人類可以有所選擇。人類可以在活著的時候，選擇如何過活，選擇如何對待自己的生命與一生。尋求生理與身體的成長、發展與健康，都成為人在生理層面生命的基本目標。一旦身體長期嚴重病痛，便會影響到生命活著的意義。假如身體雖然病痛煎熬，卻可以預期能夠治癒，那麼治癒便是受苦的目的；如果，身體的病痛煎熬為不治之疾，一個人會感到受苦而失去目標，便會質疑生命存活的意義。

一個人若是可以活著，便會進一步尋求生理性或物質性的美好，或感官經驗的美好。例如食物不只用來維持生存，也尋求色香味俱全；房舍不只用以遮風避雨，也尋求美屋華舍；甚至，身體不只尋求成長與健康，也尋求外觀的美好。人的感官很敏銳，能夠區分感受的良窳，因此，人的感官經驗可以不斷被縱容，物質需求可以不斷被激起，物質的需求可以無窮無盡。固然，物質適度的美好，可以增進生命與生活的滿足感與幸福感，然而，不斷被激起的需求，卻也是人不斷喪失滿足感與幸福感的罪魁禍首。因此，在這個生理層面生命活動的目標，最基本在能活著或存活；其次，是能成長與健康；最高目標，則為追求美好的感官經驗。

然而，什麼是生理與身體層面的美好，並無定論，自在人心，也就是可因人、因地區、因社會文化、因時代而異。生命活動在這個層面的生活，便是物質的人生境界，為生命與生活不可少的一部分。然而，過度以這個層面為生命活動與生活的重心，便是沉溺於物質的人生境界。在一個科技昌盛的時代，物質的產量與種類將難以估計。人窮盡一生可能有永遠購買不完的物質，以及無法即時享用的物質，因而物質的誘惑

可能使一個人需求無度，終生永遠無法獲得物質的真正滿足感，以致抱憾而死。因此，生命教育在這個層面的教育目標，主要在協助個人生理與身體的成長與發展，增進身體的健康，並學習對物質適度的期待與獲得物質適當滿足的知能，使個人能減少物質慾望的沉迷，重視心理與靈性層面的成長與發展。

第五節　結論

前述「生理」、「心理」、「靈性」三個層面的生命活動，並不是完全獨立運作，而是有各自獨立的部分，又有交互作用的部分。生理心理學方面早已發現，個體的身體與心理都各有自律系統以維持恆常的功能。然而，一旦身體失衡，必也影響心理的恆常，身心同時都呈現緊張狀態，也都會力圖要恢復恆常狀態；反之，亦然。造成失衡的來源，可來自身體內在或外在因素。外在因素：如營養、細菌、食物等；內在因素：如自然的生理成長與成熟、荷爾蒙和甲狀腺素失調等。造成心理失衡的來源也一樣，分別有來自內、外的因素。內在因素：如自我概念與自我經驗的不一致、情緒、思想、個人期待等；外在因素：如工作過度負荷、人際衝突、失業、環境改變等。至於靈性層面和生理、心理兩個層面也都有密不可分的關係：當一個人身體的生命瀕臨或受到死亡威脅時，有可能造成靈性層面的動盪失衡。例如，經歷過死裡逃生的人，通常對於生命意義的看法與人生的信念會有很大改變，也因此會帶動生活層面的改變。另外，有關創傷後壓力疾患（post-trauma stress disorder）的研究指出，參加戰爭的軍人、被強暴的婦女，以及那些重大災難劫後餘生者，有發生不再相信上帝存在，或不再認為自己有何存在意義的情形（Herman, 1997）。這種現象乃是，創傷事件造成個人靈性層面先前建立的信念崩潰。如果一個人的自我存在意義可以維持，可能在失去財物與親人之下，仍然可以有活下去的理由；反之，喪失個人存在意義時，即使尚有萬貫家財，也可能自殺。這個自殺行為便是來自靈性層面

的失落。個體這三個層面之間生命活動的交流，乃是自律運作活動居多，用以維持個體生命整體在恆常狀態的現象。當有來自內在或外在的刺激，個體為了維持平衡所產生的新的平衡局面，正向的就是一種成長、發展或適應，負向的就是一種疾病或不良適應。換言之，個體在任何一個層面的生命活動發生失衡時，其他層面會運作來試圖保持整體生命活動的衡定。所以，身心的成長發展與身心生病時的症狀，都可以視為個體恆常狀態受到外來因素或內在因素刺激時的因應。生命教育乃是利用這樣的原理，試圖提供積極、正面的刺激，期待促進個體在身、心、靈三個層面的正向改變，促進發展與成長。

茲綜合上面的討論，摘要個體的生命結構、生命活動的範疇與意義，以及所對應的人生境界，建構成為下面「生命與生命活動的範疇」（表一）。

表一　生命結構與生命意義

結構元素	活動範疇	生命意義	人生境界
靈性	尋求意義： 　自然與神的意義 　其他非人類生命的意義 　他人的意義 　自我的意義	存在的意義	哲學的人生境界 或宗教的人生境界
心理	自我實現 自尊 人際、人群關係與情感 自我與自我認同 心理安全	經驗的意義	心理的人生境界
身體	發展與完美 成長與健康 存活與生殖	生存的意義	物質的人生境界

就上述個體「身」、「心」、「靈」三個部分的發展，以生理開始最早，而靈性的發展屬於人類特有，開始發展也最晚。因此，生命教育的範疇與主題選擇必須和發展階段需求適配。在本教學方案之中，小學階段以協助兒童發現個人生存的意義為核心，主題配置以「身體」範疇發展的目標居多，「心理」其次；中學則以協助青少年發現個人生活與人生經驗的意義為核心，主題配置以「心理」發展範疇居多，「靈性」範疇次之；大學院校階段以協助成年初期的大學生發現與發展個人的存在意義為核心，主題配置便特別以「靈性」範疇的發展居多。茲以大學院校階段的教學主題配置為例，靈性層面發展為目標的主題共有十個單元，心理層面發展為主要目標的單元有七個單元，而在身體層面有關的單元則只有二個單元，茲列表如下：

結構元素	教學單元編號
靈性	3，4，5，6，10，14，15，16，17，18
心理	1，2，7，8，9，11，13
身體	4，12

第4章

生命教育課程的設計原理與教學模式

Gunter、Estes 和 Schwab（1999）主張，教師對於打算教學的課程或科目，需要將教學該科目的基本理由想清楚。也就是針對所設定之特定教學目標與內容的背後邏輯加以說明，就是該課程的理論基礎，有這個理論基礎，才能免於學生只學習了一些欠缺系統的拼湊教材（引自賴慧玲譯，2002）。因此，陳述課程設計的理論基礎或原理實屬必要。所以，在設計生命教育課程與教學單元時，也應該考慮生命教育的性質，教學目標、內容與個體發展等要素，以建構適切的課程規劃原理，並據以設計課程教學方案。前述分析了生命的意義與活動範疇的結構作為規範生命教育的內涵與方向之外，並分析人生觀的結構作為課程教學的指引。本章將根據前述的原理，探討生命教育的性質，並尋找適合其教育性質與目的的課程理論與教學模式。

第一節　生命教育的性質

根據前文的分析結果，個體的生命結構可以分為生理、心理與靈性（即哲學與宗教）三個層面。又可依之將生命活動分為三個層次的人生境界與活動範疇，即物質人生境界、心理人生境界和靈性人生境界等三個活動範疇與三個層次的人生境界。因此，生命教育必須涵蓋生理、心理與靈性等層面的教育：這三個層面的教育，可以包括物質與生理相關的生活教育、心理相關的生活與心理教育，以及價值觀與個人信念相關

的哲學教育與宗教教育。

玄奘人文社會學院校長鄧運林教授（2002）對於生命教育的本質，如此詮釋：「生命教育是一種全人的教育，認識生命應包括生命的現象與生命的境界。生命的現象是指人生的實然面，可以用科學的方法來實地的觀察與剖析；生命的境界面是指人生的應然面，得從哲學的理念來思考、感悟。因此在內涵上，生命教育是一種自我認識及自尊的教育……因為體會到生命的可貴……對周遭的各種生命現象抱持尊重的態度與人道關懷……生命教育也是一種生活教育……更是一種體驗教育。因此，生命教育需要在『生活中』『體驗』各種現象，藉此強化對『自我認識』及『自尊』，並勇於學習與蛻變，才能開創人生的新境界。」（引自何福田主編，2002，pp.22-23）顯然，其所謂「生命現象的實然面」，即筆者所謂的「物質人生境界」與「心理的人生境界」兩個層面的現象；而其所謂「生命境界的應然面」，即筆者所謂的「哲學的人生境界」的現象。另一位學者鈕則誠教授（2004，p.247）也說：「生命教育不是自外於哲學的活動，生命教育即是哲學智慧的體現。」也就是生命教育以生活和心理教育為出發，以哲學教育為終點。由此可見，廣義的生命教育的性質，包含了生活教育，也包含了心理教育，更包含了哲學教育，正與筆者所建構的理念不謀而合。

此外，鄧運林教授主張由體驗強化自我認識，乃至擴大人生新境界。在美國，Anaada Village 的創立者 J. Donald Walters 在他的著作《生命教育——與孩子一同迎向人生挑戰》這一本書中也有類似的主張。Walters 認為，自我中心與自我實現有天壤之別，本位主義的自我與真正的自我差距極大。他認為能體會這點，就是一種覺醒。當個人自我拓展時，會自然而然地涵蓋對群體福祉的關切（林鶯 譯，2001）。這種由關心自我為核心開始，不斷擴展至關心他人，以至社群或人類群體的發展現象，正是生命意義不斷拓展的反映，也是個人人生境界不斷提升的證據。心理學認為，人類的嬰幼兒由於經驗的限制與智力的發展，呈現自我中心的現象。然而，隨著成長與發展，至兒童期逐漸脫離這種思考模

式，建立清楚的人我心理界線，發展出對他人與其他生命真正的同理心。因此，在追求個人的自我實現的開拓過程，自然能正視關切社群的福祉為自我價值的一部分。這個發展過程，最重要的成功條件是讓個體真實體驗自己的經驗，面對自己的經驗，而不是否定個人經驗或迴避個人真實經驗（Rogers, 1961）。顯然，生命教育應特別強調個人的體驗，而且必須是個人真實的體驗，不是教條式的注入。由對自己真實的體驗之過程與經驗，才能發展出對其他生命的體驗能力。個人可以去領悟與其他生命關係的意義之關鍵，也是導致可以開創人生新境界的起點。

　　像生命教育這樣的課程，其性質當有別於一般以主智教育為核心的課程。尤其，從前面筆者所陳述有關生命的結構與活動範疇，可以看到生命教育的任務，最重要必須協助學生從生命的活動範疇所獲得的各種經驗之中，加以體驗並省思而領悟其意義，或是由經驗之中直接體驗其意義，也就是透過個人的經驗去省思關係而發現意義。所以，生命教育的性質主要：不是一種灌輸或獲取知識的教育，而是一種覺察與省思的教育；一種概念發展的教育；一種激發思考深度，以獲得思想的教育；也是一種價值選擇和接納態度養成的教育；同時也是探究宇宙與人類一些尚未能實徵或主觀信念的問題情境的教育。

　　在一份實徵研究也已經證實學習者最重要的生命意義來源，的確是來自「關係」，而非「最重要的事」（董文香，2003）；也就是從與他人互動的經驗中關係的品質決定意義，至於事件的巨微不是意義發生的要件。另外，實徵研究也發現，不同教育階層的學習者所需的生命教育內容不同，年長者以意義取向的學習尤其合適（顏蒨榕，2003）。所以從生命教育的特有性質觀之，課程內涵與教學方法必須考慮學生的身心發展階段、興趣與社會因素來做選擇。若就認知發展理論（Piaget, 1971）的觀點，幼童只能從經驗之中直覺體驗對個人的意義，兒童可以從體驗中了解意義，青少年之後則可以由個人經驗所得想法的再省思而獲得思想，也就是有能力去評價自己的想法，而產生新的想法。所以，年紀愈小，經驗愈少，認知發展愈不成熟者，愈需要有積極性的生活經

驗和學習成功的生活技能,以充實生活體驗;年紀愈大,經驗愈豐富,認知發展愈成熟者,愈需要重視意義的省思與個人信念的獲得。

第 二 節　生命教育的定義、目的與範疇

一、廣義的生命教育

　　過去在農業社會,無論文化或自然環境,都時時刻刻提供成長中的孩子最真實與密集的生命教育。從家庭的父母至社區鄰里,對於生命與死亡都抱持相同的信念,並且共同教育與監督社區中成長的孩子去學習生命與死亡的意義,同時陶冶文化中共識的態度。這樣具全面性與長期性的學習,使得農業社會時期的生命教育不必特別仰仗學校的刻意規劃。如今,社會文化與自然環境的生命教育功能已經式微,必須借助學校教育刻意和用心規劃生命教育,以彌補當今家庭與社會在生命教育的功能缺失。然而,學校只是社會環境的一環,因此,學校若要充分發揮生命教育的最大功能,就是必須讓學校成為一個具有生命教育環境的小社區。

　　教育部(2000)指示各級學校實施生命教育,「目的在於透過全國性校園生命教育的推動,以落實全人教育與終身學習的教育遠景。而校園生命教育的實施目標在預期使學生能達到:發展深化人生觀,內化價值觀之生命修養,並培養整合知情意行,與發展多元智慧與潛能之能力」,且指示,生命教育的內涵包括:「人與自己、人與他人、人與環境、人與宇宙的四個向度。」觀諸教育部所指示的生命教育目標,顯然是一種廣義的生命教育。因為,人生觀的養成是一種長期性的教育,欲達成如此崇高的教育目標,不是一蹴可幾,必須融入學校整體生活教育與各科教學之中。也就是教務、訓導與輔導工作均須共同肩負生命教育的任務,有具體的實施計畫,並且長期實施,建構一個具有生命教育功能的學校環境,使學生在課程學習之外,尚有環境陶冶,方能發揮廣義

生命教育的功能，達成教育部所期望之生命教育目的。

　　廣義的生命教育可以達成全人的教育，其教育目標與範疇可以分析如下：

　　㈠**在生理與物質層面**：生命教育目標以學習獲取生存的知能最為基本，最終目標在了解自己生存的意義。所以，主要教學任務在協助個人生理與身體的成長和健康，增進充分發展與致力完美的呈現；並學習對物質適度的運用、感受與期待，以及獲得物質性適當滿足的知能。使個人得以減少對於物質過度沉迷與使用，方能使有限的人生時光與精力，不至於耗損在追逐個人感官的享受與無限的物慾迷戀，而能投注較多時間與精力在心理與靈性層面的成長與發展，以便發展出兼具個人獨特性與社會性的生命意義，提升個人的人生境界與生命的價值。所以，在生理與物質層面的生命教育目標，最主要在協助個體賦予個人生存的豐富意義。

　　㈡**在心理層面**：生命教育的目標則以協助個人發展積極正向的自我概念和自我認同為核心，進而發展有效人際與人群關係的知能，以利產生有意義和有價值感的對己、對人經驗。由此，發展出對社會人群福祉的關懷，經由對社會有價值活動的參與和貢獻，促進個人自尊的提升。心理層面的生命教育最終目標，則在協助個人尋求自在圓滿的生活，也就是追求自我實現的生活，以期個人愈有餘力和意願追求靈性的充實，減少靈性的空虛與存在的虛無感。所以，在心理層面的生命教育最主要目標，在協助個人對自己的經驗賦予豐富的意義。

　　㈢**在靈性層面**：生命教育的主要目標與任務，便是促進個人人生觀的建立和不斷的提升，減少現代人虛無感的產生。這個過程必須經由協助個人發現其自我生命存在的意義為起點，也就是至少能體驗個人生命的價值和意義，才能發展出對其他生命存在意義的體驗，而以頓悟人與自然（包括環境或宇宙）之間關係的意義為終極點。所謂領悟人與自然或宇宙之間的關係，也就是中國哲學家所謂領悟天人合一的道理。如此個人可以與自己，與他人，與其他生命，甚至與有生命、無生命的自然

和諧共存。也就是在靈性層面的生命教育目標，主要在協助個人賦予人與其他生命，甚至與自然環境關係的意義。

由於身、心、靈三個層面的生命活動既不是完全獨立運作，也不是各自運作，而是有各自獨立的部分，又有交互作用的部分，因此，增進生命結構三部分的交流與恆常運作，促進生命體的統整，乃是生命教育重要的過程目標。唯有如此，個體才能經由三部分的生命結構運作，增能（empowering）彼此，支援彼此，豐富彼此的意義，使個體有良好的生命活動彈性與生命耐力。這也是當代心理學家所重視，增進挫折忍受力，是增進心理健康的方法；同時也是古訓：「勝不驕，敗不餒」，居陋巷、簞食瓢飲不覺其苦，居華屋、山珍海味不為所惑的人生修養。

簡言之，廣義的生命教育的目標與任務，便是提供個人在生理、心理、靈性三個層面的範疇，有充分的活動與機會，能體驗與覺察，並教導必要的知識與技巧，促進各個層面生命意義的產生與提升，並增進身、心、靈整合的健全人格發展。以期最終目標可以產生，個人適切人生觀的形成與終生不斷精進，以便帶動人生境界也不斷地提升。消極方面，則可以減少個人追求存在意義的挫折，甚至發生失落存在意義的危機，以達成預防現代人各種生活與心理問題之發生。實際上，生命教育就是全人教育，也是一種健全人格的教育。吳庶深與曾煥堂（2002）分析國內當前各種生命教育觀點之後主張，生命教育的理念在達成全人教育，其方向有二：第一，在生命方面，學習為何而活，以探討生命意義與本質為重點；第二，在生活方面，學習如何生活，建立生活目標與追求豐盛人生，並且主張生命教育包括四個向度，即人與自己、人與他人、人與環境、人與宇宙。因此從發展的觀點，小學的生命教育似應以生活教育為主要內涵，心理教育為次，哲學教育為末，也就是以學習如何生活為重點；中學則以心理教育為主要內涵，次為生活教育，佐以哲學教育，也就是不但要學習如何生活，也要學習為何而活；而大學則以哲學教育為主要內涵，心理教育為次，生活教育則更次之，也就是應以學習為何而活成為重點。若由筆者前面所建構的生命與生活範疇的模式

相對應來看，兒童時期生命教育的重點應以物質與生理層面的教育內涵為主，輔以心理層面的內涵；青少年時期的生命教育重點當以心理層面的內涵為主，輔以生理與哲學層面的內涵；成人時期的生命教育則以哲學層面的內涵為主，輔以心理層面的內涵。同時，也需要區隔各個發展階段的學習與發展之主要目標。

為達成廣義的生命教育目標，校園生命教育實施，其成功的必要條件為：

(一)**形成課程，系統化**：教育工作首重系統化實施，避免雜施無章。規劃成為課程最能管理實施的內容與範圍，比較可以確保目標的達成。所以，實施生命教育的核心工作，當以規劃一套適合受教對象的課程長期實施教學最能奏效。

(二)**融入各科，普及化**：生命教育的範疇與內容至為廣泛，涉及生活與人生的各個層面。因此，與各科教學都有密切關聯，融入各科教學最符合全面性與整體性學習的原則。尤其，在小學階段的教育本當以生活教育為核心，不以分科教育為主，因此，最適合採取融入各科教學方式實施。中學以上的課程便傾向分科教學方式，以特設科目教學，俾使學習經驗深入而密集。

(三)**團隊教學，參與化**：當以融入各科教學方式實施生命教育時，要避免雜施無章，最好是採取團隊教學方式。團隊教學方式並非由一組教師分攤教學時間之後，「各自為政」式的教學。團隊教學的原理主要在，將一套有系統、有組織的課程，由一組學有專長的教師，按其專長分別就課程中的教材分派教學部分，各施所長。所以，學校實施生命教育時，應依學生發展階段所需，先規劃一套生命教育的教學目標與內容，由各科分別於教學中實施。當各科教師都有機會參於生命教育的教學工作時，可以喚起教師對於生命教育的認識與重視，方能發揮校園之中成人的影響力量，才不會發生所謂：「一楚教之，眾齊咻之」的情形。

(四)**教師態度，典範化**：對於任何受教階段的學生而言，影響最為深

遠的莫過於教師的典範。教授任何科目可以成功的教師，不但因具備所擔任教學科目的知識，尚因具備對待該科知識的熱誠與適當態度，對於學生的學習影響最為深刻。因此，教師本身面對生命的信念與態度，以及個人的生命觀與人生觀非常重要，學生將在教師的薰陶之下，獲得對待生命與人生適切的信念與態度。

㈤**訓導工作，人文化**：由於生命教育的方法首重經驗學習，而不是一種主智教育，所以，學校教育環境的改造，首重生活教育的改造。這項工作當以學生事務工作或訓導工作為首。由於時空背景的因素，在台灣過去傳統的學校訓導工作，無可否認地，以法學、倫理學、集體主義，以及團體訓練方法為主要依據，也無特設科系培育學生事務或訓育專業人員。所以，舊式的訓導工作往往給人過度重視獎懲與團體訓練的印象。生命教育最重視的乃是人的價值與意義，所以，在現代學校的訓育工作必須重視人文精神的融入。在訓育工作目標和規章的制定與執行、活動的規劃與實施，以及環境的設計與佈置，均應重視人文精神的特色，創造一個具人文氣息的學習與生活環境。

㈥**分齡實施，長期化**：農業時代生命教育之所以深入人心，主要原因在於個人自出生至死亡，一輩子都生活在一個無論自然或文化，都具有生命教育功能的情境。學校教育也可以具有社會改造的功能，若期望以教育作為改造社會的手段，則生命教育的實施必須長期化，配合不同發展階段的需求，提供適切的教育。

二、狹義的生命教育

廣義的生命教育定義，對於設計課程的教學方案並無具體指引作用。尤其在現實之中，目前各級學校的課程在生命教育方面，並未如其他科目特別規劃各學期每週教學時間，進行長期實施教學，而是指定二至四小時的實施時間。因此，即便在大學設計課程教學方案，通常必須採取狹義而較具體的定義，作為規劃教學方案的依據。國內較為普遍的生命教育以生死取向最多，特別是在大學院校可以開設一學期的完整課

程，多採取生死取向的內涵（吳庶深，2002）。究其原因，可能以生死取向的生命教育，其定義比較能具體指引課程應有的範疇與內涵。因此，狹義的生命教育可定義為：生命教育在了解人類的生命與死亡的意義，發展個人面對生命與死亡的適當態度，並學習面對生活中有關生命與死亡情境的因應技巧，進而探討人類生命與其他生命存在的意義，最終目的在協助個人發展適切的人生觀。因此，具體的生命教育課程目標可包括下列五項：

㈠探討與了解生命與死亡對於人類的意義與影響。

㈡學習面對生活中有關生命與死亡情境的因應方式與技術。

㈢探討生命與死亡的權利，培養適當的對待生命與死亡的態度。

㈣了解生命和死亡與人類創作的關係，促進個人善用生命與死亡所體驗以昇華為創作的動力。

㈤探索與發現生命的存在意義，建構適切的個人人生觀。

根據這樣狹義的生命教育定義與目標，生命教育課程究竟應該教學什麼？也就是必須教學的主題和內容為何？美國死亡教育學者Gibson、Robert和Buttery（1982）建議，中小學階段死亡教育的內容有十項：㈠自然的生命循環，植物和動物的生命循環；㈡人類的生命循環，出生成長、老化和死亡；㈢生物層面，死因、死亡的界定；㈣社會和文化的層面，喪葬的風俗和死亡有關的用語；㈤經濟和法律的層面，保險、遺囑、葬禮安排事宜；㈥有關哀傷、喪禮、守喪等方面；㈦有關兒童文學、音樂和藝術中的死亡描述；㈧死亡的宗教觀；㈨道德與倫理的議題，自殺與安樂死等；㈩生命與死亡的個人價值觀。以上十項正好廣泛涵蓋生活的主要範疇。由於生、死為一體的兩面，生活範疇有生的地方就有死，因此，參照Gibson等人的規範，茲將其十項加以歸納與補充成為六個範疇：㈠自然、生物與醫學；㈡社會、文化；㈢法律、道德與倫理；㈣文學、音樂與藝術；㈤哲學與宗教；㈥個人意義與價值。並就此六個範疇作為規劃生命教育課程教學主題與範疇產生與選取的依據。

第 三 節　生命教育課程的規劃原理探討

　　學者主張課程規劃是從計畫的角度，進行課程發展與課程設計。需要根據社會文化價值、學科知識和學生興趣，並針對課程目標、內容、方法和實施活動，以及評鑑等要素，透過一系列的選擇、組織與安排來進行規劃（蔡清田，2003；Elliott, 1998）。故生命教育的實施不只在內容與活動需符合本國社會文化，並且能掌握生與死領域的重要知識，更應將生命教育視為一種有系統、有組織的課程來實施，而不是只有一些活動或主題的拼湊，方能奏效。國外的生命教育採取廣義的生命教育定義，涵蓋了公民資質教育或品格教育，故以中、小學學生為主要施教對象，並於大學設置相關課程培育這方面的師資（吳庶深、曾煥棠，2002）。狹義的生命教育通常指死亡教育，或涵蓋生死議題的教育，普遍實施於中、小學。大學僅醫護、社會與社工、宗教與哲學、心理與諮商等有關科系有設置死亡教育相關課程，旨在培育專業工作人員必備相關知能（Corr, Nabe & Corr, 2000）。近年，國內也有許多國小教學方案（邱碧惠，2003；黃瑗仍，2003）和中學教學方案（紀玉足，2003；董文香，2003；葉寶玲，1999；劉欣懿，2003；劉明松，1997），也有大專教學方案（曾煥棠、林綺雲、林慧珍、傅綢妹，1998；黃琪璘，2000；賴怡妙，1998；鍾春櫻，1992）。前面所提的中、小學教學方案，多以一個特定年級十週或一學期的教學情境設計之實驗教學方案。然而，目前中、小學每週無固定的生命教育課程施教時間居最多數。這本書之中的教學方案，為配合中、小學施教的實際限制，在中、小學部分以每年可以教學二至四小時，六年完整的一套課程作為設計。大學院校部分則為一個以一學期教學份量設計之獨立的課程方案，便於適應大學院校學校開課型態。因此，教學方案無論在教學目標、內容、方法與活動，在大、中、小學之設計均有別，必須針對其特定的施教對象，有適當的課程理論與教學方法，作為編制教學方案的指引。

當前課程理論不少，英國的課程專家Stenhouse教授（1975）認為，成功的教育是一種知識引導與智慧啟發，因此，學生的學習行為結果並無法在事前精確地預測。他所主張的「歷程模式」課程規劃一反「目標模式」的課程規劃，不以預先規定的學生行為改變，作為「具體教學目標」的指標或「預期的學習結果」；而是認為，教育活動應該建立在學習者的教育自律自主的基礎上，「引導人進入其社會文化的知識體系，並進而培養人類的思考系統，以促進人類思考的自由。知識的最重要特色時期能增進人類的認知思考」（p.82）。這樣的課程理念似乎最適合作為生命教育課程的指引，因為生命教育應以學生個人經驗為起點，以學生個人領悟的意義為終點。雖然，教師有預設的教學目的作為設計課程與教學的指引，然而，學生個人學習結果不應，也不會恰恰是教師所預設的目標或外控的目標。教師施教時應以協助者和引導者的角色為主，尊重與接納學生個人的特殊經驗與獨特意義，而不是以指導者的姿態，強行灌輸所謂「正確」的知識和思想，或使用既定答案去矯正學生該有何所謂的「正確」經驗與思想。一如 Stenhouse 的理念，重視學生自主自發性的思考與其個人的思想，本教學方案設計時即採取同樣的精神。在各個教學單元只有一至兩個概化的教學目標，作為教師施教的指引。而教學方法的選擇與教學過程的安排，不以提供既定的知識為主，而是以提供學生經驗與反思的過程為主。換言之，本課程教學方案之設計，以學生學習歷程作為設計思考的重點，不是以學習特定結果為設計思考的重點。

此外，陳芳玲教授（2002）引述 Doll 的著作《後現代課程觀》（*A Post-modern Perspective on Curriculum*）的理念，強調生命教育課程必須具備豐富性、回歸性、關聯性與嚴密性。所謂豐富性是指在固定的一段教學時間內，不宜預計確定必須教學的教材份量，以便保留學習時間的彈性，因應學習者與教師，以及學習者之間的互動經驗之需。其次，回歸性則指學習者在學習過程，需要對學習的內容進行探索與討論，促進學習者的省思，以建構學習者個人的知識。在吳秀碧和謝廣全（2004）

的實驗研究發現，大學生在生命教育課程認為收穫最多與最喜歡的學習方法，是來自班級團體討論與分組討論兩種學習方式，從他人不同的想法與經驗獲得的啟示最多。足證豐富性與回歸性在生命教育的重要。在關聯性上，則生命教育課程必須與其他學科領域的知識與活經驗加以連結。一如前述，生命教育內涵與自然、生物、社會、文化、藝術、法律、倫理、哲學、宗教都有關聯。因此，在中、小學使用融入各科教學時，最能密切與各科領域的知識相結合，形成統整的學習經驗。在大學由於分科施教，擔任生命教育的教師便需要具備廣博的知識，並指導學生廣泛地閱讀與學習，以拓展學生對於問題的視野，增進思考的多元性。至於嚴密性方面，須特別強調生命教育的議題探討，不要過早下結論，或以一種確定的答案加諸學生。尤其，在生命教育涉及價值觀的教學，提供學生多元刺激，使學生可以產生各種不同思想，將勝於提供單一的答案。例如，有無來世的議題，或器官捐贈的議題之類的教學，在學習過程，學生經過充分閱讀與討論之後，應尊重學生個人的價值觀與信念選擇，不宜強調教師個人認為「正確」的價值觀，或以表決的方式，使用團體壓力強制個人接受特定的價值觀。

綜合前述，生命教育的課程設計必須重視後現代課程的精神，並強調學習的歷程，而不是學習的預定目標與結果。重視學習者的教育自律自主與學習者的主觀經驗，教師主要以協助的角色協助學生。教師應重視的是提供學生特別設計的學習歷程，引導學生產生個人的獨特意義。

第四節　生命教育的教學方法探討

由於生命教育的性質就是人格發展的教育，在美國，中、小學死亡教育的性質被歸類為屬於一種發展性的課程（developmental curriculum）或發展性方案（developmental program），屬於班級團體輔導的範圍（吳秀碧，2000）。與死亡教育性質相同的生命教育，當然亦屬於一種發展性的課程。在教學方法方面，這類課程教學注重學生內在制握（internal locus of control）性質的學習過程，不同於一般科目教學為外在制握（external locus of control）性質的學習過程。因此，學習的目標與導向來自學生的內心需求和經驗，而不是來自社會期望，是一種完全忠於自己的實際經驗與感覺的學習。學者均強調生命教育經由體驗的重要（張淑美，2001；晏涵文，2001；陳芳玲，2002；鄧運林，2001 ；Durlak & Riesenberg, 1991）。Durlak 和 Riesenberg（1991）曾建議死亡教育的教學方法有二：一為認知或資訊的教授式的方法，主要提供文字資料或視聽媒體資料，由教師介紹給學生；二為個人的或情感的（personal/affective）經驗式的方法，以學生為主，從其經驗與情感分享進行學習與探索。晏涵文（2001）也主張生命教育的教學，由個人經驗的覺知，進而形成一個人的價值觀念之重要。陳芳玲（1999）則由其教學生命教育的經驗，也非常重視強調體驗的重要。她主張根據 Confrey（1991）的觀點，教學概念須經由經驗，透過反思性抽象化（reflective abstraction）的過程而達成了解或領悟，所形成的概念方是個人的思想。

　　Durlak 和 Riesenberg（1991）所建議的兩種教學模式，其中以第二種方法對於學習者的態度與情感情緒的發展，已由實徵研究發現最具效果（黃琄仍，2003）。因此，以自助為目標的生命教育課程的教學模式，常以「經驗—情緒模式」（experience-emotion model）的學習為主（Corr, 1978）。這種學習方法是發展性課程普遍採取的方法，最能協助學生獲得認知與情感統整的學習經驗，為促進個體心理與人格成長的最佳方式。生命教育課程的「教」與「學」，除了與一般學科相似，必須具備生活或人生的需要性和實用性，且能引起學生學習興趣之外，最重要的必須能引發學生省思和可以產生啟發性思考。尤其，在大學教育階段的大學生，不只擁有勝於中、小學生的知識與經驗，在認知能力發展也更為成熟，因此，啟發性與省思性的教育更形重要。所以，在大學階段的生命教育更需要強調啟發性與省思性的教學。

　　至於教師的角色，主要進行引導（directive）與催化（facilitative）的任務，而不是教導與評判的角色。所謂引導，是指提供與推進活動進

行的過程與程序,而不是決定學生思考的方向。所謂催化,是指促進學習過程與結果的績效。不教導,是指不武斷提出「唯一正確」的答案或思想。此外,教師也是學習過程的設計者,但不是學習內容的決定者。意指,教師主要在安排適切的學習過程,善用學生本身與他們的經驗,期間容或有提供學習材料與資訊,但學生才是選擇和決定學習內容的主體。例如,教師在教學價值觀時,可能由教師與班級學生共同提供各種不同死亡觀的資訊與材料,但是在學習過程,學生個人卻是決定選擇何種死亡觀的人。顯然,生命教育的教學焦點,必須以學生個人的自我為起點。所指的「自我」乃是學生個人的特殊經驗。教師需要知道學生的經驗或提供學生所需要的經驗,正是知道如何引導學生產生反思性抽象化思想的基礎。

在教學方法上,Gunter、Estes 和 Schwab(1999)曾經給教師誠懇的忠告,他們認為學生在學校中的學習只是一時借用知識,而稍後幾乎將之還回。好的學習方法是給予學生產生自己的想法,同時由此也得到擁有知識的途徑。他們提出多種教學方法的模式,其中,除直接教導模式是用以教導基本的技術、事實與知識之外,其餘均與思考有關。他們認為,概念獲取是經由歸納教學模式,讓學生主動界定的概念,並經由分析概念的各個部分間的關係獲得概念發展。因為「了解」是一種經由建立的學習,而不是獲取的學習;至於發展創造思考和解決問題能力,則經由創意解決教學法可得;而討論教學模式,則是教師藉由深思熟慮的提問過程,激發學生達到自己的思考深度,以獲得思想;衝突解決模式則可以協助學生學習到,人也許有非常不同的觀點,同樣的事件可以用不同的方法去詮釋;至於價值觀的學習,他們主張教師只能告訴學生必須由他們自己來決定,他們無論選擇什麼都不重要,而是要能接納所有的觀點與選擇,這就是一種好的價值發展教學模式;而探究式的教學模式則是將要學習的領域視為「一大片神秘空地」,教師選擇一個令人困惑的問題或情境作為開始,讓學生開始進行探究過程的一些可能的問題;至於合作學習,則以小組增進學生的學習成就,這個模式包括了角

色扮演法（引自賴慧玲譯，2002）。由於生命教育課程的主要目標不在事實、知識的教學，而是以價值澄清與發展、衝突的解決、概念分析、創意思考，以及問題情境的探究為主。所以，Gunter 等人所提的教學模式，除了直接教導模式之外，其他六種教學方法的模式，均十分符合生命教育的課程性質與教學目的之使用。在生命教育的實徵性研究方面，國內研究者發現國中生以視聽教材輔助最具成效，並以切身有關及社會時事，最能引發學生討論（劉明松，1997）。這種情形可能與國中階段學生的認知能力發展有關。視聽教材輔助提供感官具體的刺激，有助於抽象性的思考運思。然而，也有研究者發現，技職校院學生似特別偏愛錄影帶教學法、故事和投影片（紀玉足，2003）。似乎技職校院學生雖然已屆成年初期，所偏好的學習方法與中學生較相近。不若一般大學生偏好討論教學法的學習，來自同儕分享的想法與經驗的省思，能引發個人豐富的省思和啟發（吳秀碧和謝廣全，2004）。這也是在技職校院實施生命教育時必須注意之處。

第 五 節　實施原則與教學技術

一、實施原則

　　生命教育課程是一種促進全人發展的學習課程，有別於一般傳統課程的科目教學。傳統科目以知識與資訊，以及技巧的獲得為主；生命教育課程則以自我發展為核心的人格教育。在教學目標、教學主題、教材和學習方法各方面的安排，都必須考量學生的認知階段特徵、人格發展階段特徵、年齡階段生活需要等因素。因此，建議下列實施原則：

　　㈠掌握不同發展階段應有的發展重點：若兒童，因其生活經驗與知識的缺乏，為個人對於生命與死亡的態度與基本價值觀養成的重要時期，重在陶冶。若青少年，生活經驗逐漸擴張與多元，為個人在面對生命與死亡情境的因應技巧和行為的學習主要時期。同時，也是對於生命

個人價值觀的釐清與選擇的重要時期，重在澄清價值，並進行個人生命意義與人生觀建構的萌芽時期。至於處於成年初期的大學生，便是省思生命存在意義與死亡的意義的重要時期。

㈡**掌握不同階段生命態度學習內涵**：兒童期的生命與死亡態度養成，以情感性之態度陶冶為主。青少年期的態度養成，以認知—情感性的態度學習為主。已屆成人期的大學生在生命與死亡態度之養成，則以理性和批判性的態度發展為主，為個人人生哲學思想的一部分。

㈢**掌握不同階段生命價值觀學習方法**：至於價值觀的養成，兒童期主要在吸取社會傳承的基本價值觀，作為建立個人價值觀的基本架構。青少年期便以價值澄清的方法，試探個人見聞的各種價值觀，作為選擇與建構個人的價值觀。而大學生的價值觀發展，則以評鑑個人的價值觀為主。所謂評鑑自己的價值觀，乃是再省思個人價值觀的工作，為一種批判性的哲學性思維，因此，可以產生純理性的態度與價值觀。

㈣**生命教育的核心主軸在自我的發展，各階段有不同發展任務**：兒童期的發展任務主要在自我概念的建構，協助兒童形成正向的自我概念為生命教育的目標。具正向自我概念的兒童，往往具有對待他人與環境的正向態度。青少年期的發展任務在試探自我認同，協助青少年發展成功的自我認同為重要目標。具成功自我認同的人，其行為能符合現實、負責和適當（Glasser, 1971），為一個心理健全的人。處於成年初期的大學生則應繼續確認其自我認同，並以朝向追求自我實現為發展目標。

㈤**教學主題選擇必須考慮不同年齡階段發展迫切需要**：即便是狹義的生命教育，其範疇仍然很廣，主題很多。由於使用有限的教學時間，因此主題的選擇，應考慮該年齡層最適宜，也最優先的主題與內容。例如同樣是「生殖」的主題，小學低年級學生可能需要知道自己的生命來源，高年級則可以透過對家庭何以決定要生小孩，了解個人生命的家庭角色與意義。而青少年則可以透過模擬育幼，來體認個人生殖的責任性，了解對於創造生命必要負起的責任。至於大學生，由於未來個人將面對生育子女的問題，則可就個人、倫理、哲學、社會、文化、醫學等

層面，討論人類生殖的意義與價值，作為批判與對待自己與他人的生育問題。

　　㈥**教學主題也必須考慮不同年齡層生活所需**：不同發展階段的個體有不同的生活重心，學習重點應加以配合生活所需。目前各級學校除了大學院校之外，中小學每學期可用於教學生命教育的時數十分有限，因此，必須精挑細選該發展階段最需要與核心的議題作為教學的單元。例如，生命教育常見的兩個單元「簽署遺囑」和「捐贈器官」，在小學施教這兩個單元的學習意義可能不大，甚至流於好玩的遊戲一場。小學階段尚有其他重要議題為必學，在有限的教學時間便應選擇最必要的主題。「捐贈器官」的學習最好排在青少年中、晚期之後教學，也就是至少到高中時期，學生有能力從法律、倫理、社會文化、宗教等層面討論這個問題的意義時，進行這項活動方能協助學生省察個人的生命意義與捐贈個人身體的意義，甚至澄清個人捐贈器官或遺體的價值與立場，發展作為他日決定捐贈行動的參考架構。「簽署遺囑」的活動目的主要不在教導如何立遺囑的技巧，而是在透過這項活動讓個人體驗面對自己的死亡，產生對自己的生活、關係、生命、人生等的省思，期待產生新的個人生命意義觀和生活觀。因此，在大學階段進行這項活動，學生的省思和獲得會比較豐富。

　　㈦**生命教育的課程為有系統、有組織的課程**：系統化是指其教育的目標與內容，在各年齡層應相互銜接。例如，教學「喪禮」的單元，在小學中年級實施，目標在陶冶學生對生命與死亡的尊重態度，因此，經由模擬喪禮的經驗可獲得態度學習；在中學則以學習參加喪葬禮的適當言行、穿著與簡單的禮儀為目標，因此影像或示範為可行的教學技術；同樣教學有關「喪禮」的單元，在大學階段，則以探討喪葬儀式對於人類，在不同文化、社會、種族、心理、宗教等各個層面的意義與功能，以便擴大了解喪葬儀式的來源與意義，進而可尋求在社會變遷中如何革新以適應社會現實，又保有喪葬儀式在前述各個方面的意義與功能。至於有組織，是指其教材之間的結構關係，因為雜施或隨興的教學無法預

期成效。

(八)**尊重學生個人的獨特經驗與情感**：由於每個人所具備的條件不同，即便遭遇相同的情境，每個人有不同的詮釋與感受。學生個人的獨特經驗與情感受到尊重，才能真實體驗自己，產生個人的意義感與價值感。

(九)**接納不同的價值觀**：理由之一，這是一個快速變動的世界，除了真理，很難有可以永遠正確的價值觀；理由之二，這是一個多元化的社會，沒有一套可以行之天下而皆準的價值觀。尤其，地球村的概念，使得教育方面更應該培養學生尊重多元價值觀的態度。生命教育的主旨不在教導所謂「標準」的價值觀，而是發展學生價值觀的思考、選擇與決定的能力。

(十)**啟發重於灌輸**：雖然，生命教育強調讓學生獲得意義觀與價值觀，然而，這些意義與價值思想的產生，必須是個人化的（personal）意義與價值。因此，必須以啟發學生去思考，取代灌輸教師自認為正確的意義與價值，以避免造成學生內在與外在的衝突。例如，教師與學生有不同宗教信仰，卻要學生接受教師信仰的生命觀，可能造成學生內在衝突。又例如，教師與學生來自不同的族群，卻只教導與容許教師所屬族群的生命觀，可能讓學生感到學習之後與自己的族群觀念無法相容。

二、教學技術

至於教學技術方面，小學生由於尚處於認知發展的具體運思期，最適合的教學技術，是親身參與的經驗學習、具體實物與影片的觀察學習、故事與隱喻的學習，以及繪畫等，最能協助兒童經由具象的感官經驗產生概念，引導思考與情意學習。進入形式運思期的中學生，除了兒童使用的學習技術也可使用之外，使用辯論法與腦力激盪法等，都有助於產生更多元與具有深度的概念思維。至於大學生在形式運思的認知能力比青少年更為成熟，在抽象思維可以有更精緻與豐富的表現；而且，大學生有更多的生活體驗和深入的內省能力，因此，可以有更多的教學

技術選擇。張淑美教授（1996）曾彙整美國學者在大學的生命教育教學使用的教學技術，有：親身體驗法、欣賞—討論法、閱讀—指導法、模擬想像法、價值澄清法，甚至隨機教學等。

　　綜合前述，茲選就下列教學技術作為編製這本書中生命教育課程教學方案使用的主要技術，如下：

　　㈠**內省法**：對自己參與或經歷過的經驗進行省思，以便從經驗的體驗獲得個人意義。

　　㈡**角色扮演**：為模擬想像教學法常用的技術之一。學生利用模擬性的經驗，對特定角色或情境產生設身處地的認識和了解。在中小學常用以學習新行為，在大學重點則在從模擬經驗，產生對經驗的意義探討。

　　㈢**團體討論**：主要讓學生在同一個議題，不同立場的聲音都可以表達出來與被聽到，俾便擴大學生個人的多樣性想法（alternative thinking）。另一種使用目的，則在經由腦力激盪，產生深度知覺與思考。因此，教師主持團體討論的任務，主要在發問，也就是提出問題供學生思考，而不是提供答案或做批判。善問者常常可以協助學生產生有意義的思想或價值澄清。

　　㈣**小組討論**：主要用在同儕經驗分享、探討與解決共同問題，為生命教育常用的主要教學技術，只要有擴大學生個人對於人、事、物知覺的作用。

　　㈤**辯論**：古希臘的師生如蘇格拉底和柏拉圖等人，常用這種教學法來探討真理；西藏喇嘛論經也用這種方法，叫做「辯經」。因為經由正反駁斥與辯證，可以讓真理愈辯愈明，這是產生哲學思想很有用的一種方法。在生命教育之中，有許多的議題可以透過不同立場學生的相互辯論，而使學生產生思想的彈性與多元。

　　㈥**創作**：可以包括讓學生創作繪畫、雕塑、舞蹈、音樂等，來表達個人對於生命或死亡的情感情緒，可用於情意教學目標，讓學生有抒發情緒和情感性認知的機會。此外，也用以透過欣賞他人表現與作品，連接與激發自己內在的情感情緒，經由他人作品的賞析，而獲得個人情感

性認知的表達與紓解。

(七)**冥想**：這是一種東方式的思考方法，重點在內觀。藉由透過身體高度放鬆，將五感對於環境的覺察降到最低。使個人完全不受外在環境的任何干擾，而能將覺察力集中在個人內心世界的思想與經驗，對自己的思想進行思考，也就是孔子所謂的：「再思」，現代心理學所謂的「後設思考」，或俗話的「省思」，而能充分發揮思考能力，使得思想更深入、更精緻、更豐富、更周延、更擴大、更具創意。

(八)**影片—討論**：影片是一種在表達事實資訊很有效的教材。由於影片具有聲影動態雙元素，比文字更有影響力，對於情感情緒、態度、思想與行為典範的影響更有力，是一種很好的生命教育媒材。觀看影片之前，教師若先使用書面讓學生知道事後要討論問題，可以增進觀看與事後討論的效果。

(九)**閱讀—討論**：用在中學生或大學生的學習，主要在討論之前提供豐富的思想刺激，往往可以促使討論的過程更豐富，並且使討論的結果產生更有深度與廣度的想法。

(十)**心得報告**：利用文字媒材（書籍、文章）或影片作為刺激，提供學生思考的素材。報告可分為：(1)統整性報告，例如對於一個單元的個人學習經驗的心得報告；(2)評論性報告，例如在閱讀一篇文章之後，請學生評論作者對於一個議題的主張或信念；(3)摘要性報告，這是最為簡易的報告，主要讓學生摘錄一篇文章或一本書的要點。

(十一)**檢核表**：用以協助學生自我覺察個人態度與偏好或實際情形等。例如，「面對死亡的主張」、「對安樂死態度調查問句」、「性、愛十九迷失」之類的問卷，是一種非標準化的檢核表，用於課堂的學習活動中，協助成人檢視自己對於各種死亡相關情境的態度。

(十二)**參觀、訪談或田野調查**：可用以協助學生實際觀察、採訪、了解事實與現象。在生命教育課程最常有安排學生參觀殯儀館、納骨塔、老人嫁妝店之類的活動。

(十三)**實驗性活動**（experimenting and experiencing exercises）：這類活

動主要讓個人的知覺聚焦在一個特定的方向，嘗試對自己內在世界有所發現，以便對自己的體驗有更深入的覺察。這類的活動很多，包括幻遊（fantasy journeys），例如使用「時光隧道」幻遊活動，可以協助學生探討自己的成長經驗與對於未來憧憬的關聯；心像視覺法（visualizing），人的肉眼可看外在事物，而心像視覺如同人的另一隻眼睛，是人心理的眼睛，可內視自己的心理內在世界活動，有助於自我覺察，自我控制；與自己內在溝通的活動，例如「預立遺囑」、「捐贈器官卡」、「我身歸何處」、「與死神對話」等之類的活動，都有助於個人在活動過程將隱藏內在的想法或價值觀，經過外化活動的探討，而對自己的經驗和想法進行統整和省思。

㈥**隱喻法**：經主題隱含在故事或比喻中，個人與內在經驗世界連結之後，對自己的經驗產生意識層面的頓悟。這種方法從兒童至成人，在心理治療上均受到廣泛的運用。隱喻可以是故事，是成語，是俚語，是物品，是任何事物。例如，用水果比喻一個人的個性，用一道菜比喻一個人的生活，用一個成語比喻一個人的人生。即便是兒童也可以透過隱喻教學技術而學習。

㈦**故事**：在兒童階段的使用很廣。由於兒童的表達方式與成人有別，也受到語言和內省能力的限制，故事常能協助兒童自由地表達自己。運用故事技術時，第一種方法可以使用現成的故事，功能在於提供和兒童相似的經驗，俾便協助兒童可以去討論自己的情感情緒與經驗；第二種方法是，由兒童編故事，兒童通常會在自編的故事投射自己的需求與經驗，教師可以用來了解兒童，以及和兒童討論他的內心世界；還有第三種方法使用真實故事，通常適用較廣，包括兒童至成人，選取真實的感人故事用以樹立典範，例如「珍古德的故事」常用以作為保護動物的典範。

參考文獻

中文部分

吳秀碧（2000）。**團體輔導的理論與實務**。彰化：品高。

吳秀碧（2002）。**生命教育的模式**。全人教育發展取向之輔導與諮商專業人力培育之模式探討。九十年度計畫執行報告，分項計畫二。

吳秀碧、謝廣全（2004）。**生命教育教材教法實驗研究**。全人取向之輔導與諮商專業人力培育模式探討。提升大學基礎教育計畫九十三年度執行計畫報告子計畫二。

吳庶深（2002）。生死教育的回顧與展望。引自林綺雲和張盈坤主編，**生死教育與輔導**，pp.4-16。台北：洪葉。

吳庶深、曾煥棠（2002）。**先進國家與我國中等學校生命教育之比較研究**。教育部。

宋秋蓉（1992）。**青少年生命意義之研究**。國立彰化師範大學輔導研究所碩士論文。

何紀瑩（1994）。**基督教信仰小團體對提高大專學生團體歷程與效果研究**。國立台灣師範大學教育心理與輔導研究所碩士論文。

林文其（2002）。人生哲學與人生觀。引自郭靜晃等著，**生命教育**，pp. 19-40。台北：揚智。

邱碧惠（2003）。**多元化教學的生死教育課程對於國校四年級兒童死亡態度影響之研究**。國立新竹師院輔導教學碩士班碩士論文。

紀玉足（2003）。**生命教育對某技職校院學生生命意義感教學成效之探討——以商業設計系為例**。南華大學生死學研究所碩士論文。

侯玉波（2002）。**社會心理學**。台北：五南。

韋政通（1985）。**思想的貧困**。台北：東大。

晏涵文（2001）。**國中生生死教育在九年一貫課程中的定位與教學**。台

灣地區國中生生死教育教學研討會，國立彰化師範大學，pp.
160-167。

陳芳玲（1999）。**建構主義與生命教育課程**。生命教育課程規劃研討
會，南華管理學院，pp.97-107。

陳芳玲（2002）。生死教育與悲慟輔導：我的教學經驗與省思。引自林
綺雲和張盈坤主編，**生死教育與輔導**，pp.18-35。台北：洪葉。

陳俊輝（2003）。**生命思想 vs. 生命意義**。台北：揚智。

張淑美（1996）。**死亡學與死亡教育**。高雄：復文。

張淑美（2001）。**國中生的死亡概念、態度與生死教育**。台灣地區國中
生生死教育教學研討會，國立彰化師範大學，pp.225-273。

曾志朗（2000）。**生命教育——教改不能遺漏的一環**。
http://210.60.194.100/life2000/indexhome1.asp。

曾煥棠、林綺雲、林慧珍、傅綢妹（1998）。生死學教學對護理學生生
死態度的影響。**中華心理衛生學刊**，*11*（3），pp.49-68。

鈕則誠（2004）。**生命教育——學理與體驗**。台北：揚智。

傅偉勳（1993）。**死亡的尊嚴與生命的尊嚴**。台北：正中。

黃瑸仍（2003）。**國小生命教育統整課程設計與實施成效之研究**。屏東
師範學院心理輔導教育研究所碩士論文。

黃琪璘（2000）。**死亡教育課程介入對於台東師院學生死亡態度影響之
研究**。國立台灣師範大學教育學系碩士論文。

董文香（2003）。**生死教育課程對職校護生生命意義影響之研究**。南華
大學生死學研究所碩士論文。

葉寶玲（1999）。**死亡教育課程對高中生死亡態度、憂鬱感及自我傷害
行為影響效果之研究**。國立彰化師範大學輔導學系碩士論文。

劉明松（1997）。**死亡教育對國中生死亡概念、死亡態度影響之研究**。
國立高雄師範大學教育學系碩士論文。

劉欣懿（2003）。**生命的彩虹——高中生死取向生命教育課程介入之研
究**。國立台灣師範大學衛生教育研究所碩士論文。

劉淑慧（2000）。人生哲學——從華人先哲的論述來看生涯觀。**輔導季刊**，*36*（2），pp.1-11。

蔡清田（2003）。**課程改革實驗：以研究發展為根據的課程改革**。台北：五南。

鄧運林（2002）。認識生命教育。引自何福田主編，**生命教育論叢**，pp. 25-28。台北：心理。

賴怡妙（1998）。**死亡教育團體方案對台灣師大學生死亡態度及生命意義感之影響**。國立台灣師範大學教育學系碩士論文。

鍾春櫻（1992）。**死亡教育對護專學生死亡態度之影響**。國立彰化師範大學輔導學系碩士論文。

藍采風（2003）。**社會學**。台北：五南。

英文部分

Ansbacher, H. L., & Ansbacher, R. R. (Eds.). (1956). *The individual psychology of Alfred Adler*. New York: Harper & Row.

Baumeister, R. F. (1999). *The self in social psychology*. PA: Psychology Press.

Bowly, J. (1995). *The making & breaking of affectional bonds*. London: Routledge.

Corr, C. A. (1978). A model syllabus for death and dying courses. *Death Education, 4*, 433-357.

Corrigan, E., & Gordon, P. E. (eds)(1995). *The mind object*. New Jersey: Jason Aronson Inc.

Crumbaugh, J. C. (1973). *Everything to gain: A guide to self-fulfillment through logo-analysis*. Chicago: Nelson-Hall Company.

Crumbaugh, J. C., & Maholic, L. T. (1964). An experimental study in existentialism: The psychometric approach to Frankl's concept of noogenic neurosis. *Journal of Clinical Psychology, 20*, 200-207.

Csikszentmihalyi, M. (1991). *Flow: The psychology of optimal experience*.

New York: Harper Perennial.

Erikson, E. H. (1964)(2d ed.). *Childhood and society*. New York: Norton.

Gibson, A. B., Bobert, P. C., & Buttery, T. J. (1982). *Death education : A concern for the living*. (ERIC Document Reproduction NO. ED. 215 983).

Ginzberg, L. B., Ginzberg, S. W., Axelrad, S., & Herma, J. (1951). *Occupational choice: An approach to a general theory*. New York: Columbia University Press.

Glasser, W. (1971). *Identity Society*. New York: Harper and Row.

Fabry, J. (1980). Use of the transpersonal in logotherapy. In S. Boorstein (Ed.). *Transpersonal Psychology*. Plao Alto, CA: Science and Behavior Books.

Frankl, V. E. (1963). *Man's search for meaning*. Boston: Beacon Printing Press.

Frankl, V. E. (1986). The doctor and the soul: From psychotherapy to logotherapy. New York: Alfred A. Knopf, Inc. 游恆山 譯（1991）。生存的理由：與心靈對話的意義治療學。台北：遠流。

Herr, E. L., & Cramer, S. H. (1996). *Career guidance and counseling through the lifespan: Systematic approaches*. New York: Harper Collins Publishers.

Isaacson, L. E., & Brown, D. (1993). *Career information, career counseling, and career development*. Boston: Allyn & Bacon.

Kalsched, D. (1996). *The inner world of trauma: Archetypal defenses of the personal spirit*. London: Routledge.

Jung, C. G. (1946). Psychology of the transference, Collected Works 16.

Mahler, M. (1974). Symbiosis and individuation: The psychological birth of the human infant. In *The selected papers of Margaret Mahler*, *2*, 149-165. New York: Basic Books.

Markus, H. R., & Kitayama, S. (1991). Culture and the self: Implications for cognition, emotion, and motivation. *Psychological Review*.

Maslow, A. H. (1962). *Toward a psychology of being*. Princeton: Ban Nostrand.

Maslow, A. H. (1970). A theory of human motivaton. In *Motivation and personality* (2ⁿᵈ ed.). New York: Harper and Row.

May, R. (1953). *Man's search for himself*. New York: Norton.

May, R. (1981). *Freedom and destiny*. Delta Book: New York.

Super, D. E. (1969). Vocational development theory. *Counseling Psychologist, 1*, 2-30.

Super, D. E. (1990). A life-span, life-space approach to career development. In D. Brown, & L. Brooks (Eds). *Career choice and development* (2ⁿᵈ), pp. 197-261. San Francisco: Jossey- Bass.

Yalom, I. D. (1980). *Existential psychotherapy*. New York: Basic Books.

Confrey, J. (1991). Learning to listen: A student's understanding of power of ten. In Evon Glasersfeld (Ed.), *Radical constructivism in mathematics education*. pp.111-138. 引自陳芳玲（1999）。建構主義與生命教育課程。生命教育課程規劃研討會，南華管理學院。

Corr, C. A., Nabe, C. M., & Corr, D. M. (2000). *Death and dying, life and living*. Belmon, CA: Wadsworth/Thomson Learning.

Durlak, J. A. & Riesenberg, L. A. (1991). The impact of death education. *Death Studies, 15*, 39-58.

Elliott, J. (1998). *The curriculum experiment*. Buckingham: Open University Press.

Gunter, M. A., Estes, T. H., & Schwab, J. (1999)(3 ed.). *Instruction: A models approach*. 賴慧玲 譯（2002）。教學模式。台北：五南。

Piaget, J. (1971). The theory of stages in cognitive development. In D. R. Green, et al., *Measurement and Piaget*. New York: McGraw-Hill.

Rogers, C. R. (1961). *On becoming a person: A therapist's view of psychotherapy*. Boston: Houghton Mifflin.

Stenhouse, L. (1975). *An introduction to curriculum research and development*. London: Heinemann Educational Books.

Walters, J. D. (1997). *Education for life*：*Preparing children to meet the challenges*. 林鶯 譯（2001），生命教育——與孩子一同迎向人生挑戰。台北：張老師文化。

第 **2** 篇

生命教育教學方案

國民小學階段
生命教育教學方案

目次表

1 畫畫自己

國小低年級　▌目標　能增進自我意象的發展

⏱ 80分鐘（最好是連續兩節課）

🔅 教學準備：

一、活動預告：教師提早幾日向學生預告即將有「畫畫自己」的活動，請學生回家後，向父母拿自己的照片，多看看自己從小到大的模樣，最好有不同角度、不同表情、不同遠近的照片。對於沒有照片的學生，用照鏡子來代替也可以。

二、準備材料：教師為全班學生準備一人一張八開圖畫紙、鏡子（大的可以照全身，小的至少可以看清楚整個臉），請學生帶鉛筆、橡皮擦、簽字筆。

三、參考圖片：教師準備一些半身或全身「自畫像」的圖片，例如孩子的畫冊、卡通人物圖片等。

🔅 教學活動：

一、準備活動（10分鐘）

　　展示畫家的畫作，可簡要說明畫家的名字與創作時的想法，有一些指導原則，如：

㈠所畫出來的圖不是只在畫紙的某一角落，而是很大方地在畫紙上展現。

㈡臉上的五官要很具體地描摹出來，不是像漫畫一樣，只有簡單的一條線或是過於抽象。

㈢有的畫家還畫出了穿著的衣服和手腳，可以請學生發表觀察到衣服、身體的描摹有什麼特色。

二、發展活動（50 分鐘）

㈠畫自己臉部的輪廓：發下圖畫紙之後，請學生選擇一枝筆來畫輪廓，最好是用鉛筆。

1. 畫的過程由外向內，也就是先從臉部的線條開始，請學生放下筆，摸摸自己的臉，摸清楚形狀之後，才拿起筆來作畫；接著的順序是鼻子（因為在臉的中心）、眼睛、眉毛、嘴巴、耳朵、頭髮。若是臉上有小疤痕、痣、胎記等，也請學生畫進去，因為那也是自己的一部分，不過可以選用比較淡的顏色。畫頭髮時可能需要鏡子的協助，教師要事先借幾面比較大的鏡子，讓學生在畫頭髮的時候，可以看看線條與顏色。

2. 事先告訴學生，千萬不可同時又拿著筆又摸自己的臉，因為會有傷害到自己的危險。

3. 使用鉛筆的原因是給學生可修正的空間，在畫下任何線條以後，可以為確認而再摸摸自己。教師在講解完之後，可以逐一至學生座位旁邊給予指導。此活動主要在求真，不一定是求美，因此，看著學生的畫作，多鼓勵其畫得「像」，不說畫得「好」。

4. 完成鉛筆構圖之後，請學生用黑色彩色筆或簽字筆再描一次，不一定要著色，因為人像畫的著色對低年級學生可能太難，教師視情況進行。

㈡接下來往脖子以下的軀體、四肢進行，利用全身鏡，讓學生更能觀察自己的模樣與外表，描繪於圖畫紙上。

㈢請學生在背面寫上自己的名字，盡量讓正面只有自畫像，以利綜合活動第二項的進行。

三、綜合活動（20 分鐘）

㈠展示全班的畫作。

㈡帶領學生欣賞被展示出來的畫作，可用以下問句：

1. 你們猜猜，這張畫的是誰？
2. 你們怎麼猜出來的？
3. 這一張哪裡畫得最像？還有需要加上什麼嗎？
4. 這一張的主角通常會說什麼話？做什麼動作？

㈢邀請畫中的主角上台，請他分享對自己滿意的部分，例如會微笑的嘴、跑得飛快的腿、能把字寫得很漂亮的手等。這個活動亦可透過同儕的回饋，讓學生更知悉自己優異的地方。

> 這單元的評分盡量是過程取向，只要是學生在描繪的過程中是很認真的觸摸、感受和繪畫，就已達到這單元的目標了。

2 我從哪裡來

⊙ 40分鐘

國小低年級 ▌目標▶ 認識人類生命的起源

☀ 教學準備：

一、請老師準備有關人類生命起源的錄影帶（註：適用低年級學生觀看，可參考教案後的錄影帶資料）。

二、請老師或學生準備各種顏色的黏土。

三、請學生回家詢問父母長輩一個問題：「我是從哪裡來的？」

☀ 教學活動：

一、準備活動（5分鐘）

㈠請全班大團體討論：「我是從哪裡來的？」

㈡老師在黑板上寫四個問題：

　　1. 精子長什麼樣子？卵子長什麼樣子？

　　2. 精子和卵子結合後的受精卵長什麼樣子？

　　3. 受精卵發展成胎兒時，是長什麼樣子？

　　4. 如何誕生成為嬰兒的呢？

㈢向學生稍做黑板上問題說明後，請學生看錄影帶時，注意觀看錄影帶內容有關黑板上四個問題的答案。

二、發展活動（25分鐘）

㈠請學生看錄影帶，原則上一次看完，若有必要，老師可以停下錄影帶來說明或提醒學生有關的重點內容。

㈡看完錄影帶之後，請學生大團體討論黑板上的四個問題。

三、綜合活動（10分鐘）

　　㈠請學生將黑板上的四個答案的內容，用黏土塑成四個形像。

　　㈡學生塑完後，請大家互相觀摹，並選出自己最喜歡的黏土像；選定後站在該座位旁，老師可以據此評分，並以最多人選的黏土像再複習說明。

參考資料：

　　錄影帶。**小強的疑問：我從哪裡來**。台視文化公司。錄影帶長度二十分鐘。

3 聽聽媽媽的話

⏱ 40分鐘

國小低年級 ▐目標▶ 增進兒童個人生命的意義

教學準備：

一、發作業單請學生回家寫作業：「請學生找一個曾經當過媽媽的人，
　　記下那位媽媽曾經對肚子裡的小孩說過的話。」（請參考附錄——
　　聽聽媽媽的話）

二、將所有學生的作業收回後，做成籤紙，放入籤筒中。

三、請老師準備特大號的透明塑膠袋、圖畫紙、籤筒及籤紙。

教學活動：

一、準備活動（10分鐘）

㈠老師先做示範：請一名學生來當小孩，試著抽一張籤紙，讓學生
　的耳朵貼近肚子，唸籤紙的內容給學生聽，並問學生聽完後，會
　對媽媽做些什麼（動作或說話都可以）。

㈡請每個學生抽一張籤紙。

㈢請學生兩兩一組，兩個人輪流當媽媽和小孩，小孩的耳朵靠在媽
　媽的肚子上，並唸籤紙中的話給當小孩的人聽；當小孩的人聽完
　話後，要試著給媽媽回應（動作或說話都可以）。

二、發展活動（20分鐘）

㈠老師請一名學生來當小孩，準備一個特大的透明塑膠袋，請小朋
　友蹲進塑膠袋中，並說明這是媽媽的肚子，老師請小朋友慢慢地
　站起來，就像小朋友慢慢長大一樣。在這個過程中，老師要試著

說出媽媽的話；當小朋友大到準備要出來時，老師要模仿媽媽喊痛的聲音，讓小朋友了解媽媽生產的痛苦；當小朋友出來時，老師要試著對小朋友表達生產的喜悅如擁抱。

㈡老師說明媽媽生產的過程和小孩的關係。

㈢請學生兩兩一組，兩名學生輪流當媽媽和小孩，試著把剛剛看過的內容模仿一次（註：請老師注意，不要讓學生拿塑膠袋嬉鬧而造成意外，建議可視班級情況做分組練習）。

三、綜合活動（10分鐘）

請學生畫一張媽媽與小孩的畫，並寫一句話給媽媽；若畫不完可以當回家作業，收回後評分並回饋。

生命教育理論與教學方案

聽聽媽媽的話：

我的名字是：

我訪問的媽媽是：

請你問問曾經當過媽媽的人以下的問題：

一、會不會對肚子裡的小孩說話？說了些什麼話？

二、說這些話的時候，小孩正在做什麼呢？

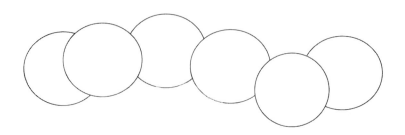

4 | 家庭樹

國小低年級 | **目標** 認識家族與個人的關係，促進大我的發展

⏱ 40分鐘

教學準備：

一、教師準備「我的家庭樹」學習單，將其作為回家作業。學習單內容有兩張，一張為家庭樹的圖，另一張為稱謂小標籤，請學生在家長的協助下，在稱謂小標籤上書寫親戚的名字，然後貼在家庭樹上。祖父母輩的貼在樹幹上，與父母同輩的貼在粗樹枝上，與學生同輩的貼在樹梢。教師可準備一份範例，供家長與學生參考。

二、學生事先完成「我的家庭樹」學習單，在教師指定的日子帶來。若有全家合照的照片，也帶到課堂中。

教學活動：

一、準備活動（10分鐘）

㈠教師說明樹的生長從根開始，家庭的繁衍從好多代的祖先開始。樹一天一天在陽光的照拂下、雨水的滋潤下而長高、茁壯，家庭也在所有成員的成長、另組家庭之下，更加的擴充。

㈡請有帶家庭照片的同學將它展示出來，學生們自由參觀，也請有帶照片來的人說明照片中的人物。

二、發展活動（25分鐘）

㈠將每一位學生的家庭樹展示出來，教師可藉由這樣的活動更為了解學生的家庭結構。應留意的是單親家庭或寄養家庭，不必過於強調它們的特殊性，可說明不同家庭有不同的功能，也有不一樣

的故事,即使結構不同,相信學生在家庭中都能得到許多的愛。

㈡指導學生區分長輩、平輩與晚輩。處在家庭樹同一層的就是平輩,比如說自己的平輩有兄弟姊妹和堂親、表親,比我們更靠近樹根的是長輩,例如祖父母、父母、叔叔伯伯、姑姑阿姨等。最難的部分,可能是在教導學生如何正確地說出「稱謂」,我們稱呼父親的同輩為伯伯、叔叔或姑姑,稱媽媽的同輩為舅舅或阿姨。

㈢上述的指導不必過於硬性要求統統都要會,因為有些家庭中會沒有某些「稱謂」的人。另外,若是班上有說不同母語的學生,也可以請他們用習慣的母語說說他們怎麼稱呼長輩。

三、綜合活動(5分鐘)

㈠請學生分享今天活動中看到、學到的東西。

㈡教師綜合今天的活動,不管家中的人怎麼稱呼,此單元的重點應該是在傳遞家庭的重要性。就像是一棵大樹,在世世代代的繁衍下,每一份子都是很重要的,不一定是住在一起,但是總有血脈的相連。

附錄一：

我的家庭樹

年　　班　　號　　姓名

附錄二：

家 族 成 員 小 貼 紙

祖父	祖母	外祖父	外祖母
父親	母親	叔叔	嬸嬸
姑姑	姑丈	舅舅	舅媽
阿姨	姨丈	自己	哥哥
姊姊	弟弟	妹妹	堂哥
堂弟	堂姊	堂妹	表哥
表弟	表姊	表妹	自己

5 親親寶貝

國小低年級

🕐 40分鐘

目標 增進兒童積極自我概念的發展

077

第2篇 生命教育教學方案【國民小學低年級】

教學準備：

一、教師準備一封給家長的信函，同時附上一張：「孩子，我想這麼讚美你！」請學生交給一位比較喜歡而且足夠了解學生的成人，請其過目並寫下學生具體的優良行為，或者很令人欣慰的事情，最好避免抱怨與批評，以下為參考內容：

> 親愛的家長：您好！
>
> 　孩子就像是您的心肝寶貝，看著他一天一天的成長、懂事，相信您心中是對他又驕傲、又疼愛。
>
> 　配合生命教育的課程活動，希望您能在百忙之中，抽空為孩子寫下些肯定、讚美、祝福的文字，就當作是給他的禮物吧！
>
> 　當您完成的時候，麻煩您將之裝在信封裡封好，我將在適當的時機，代您交給孩子。期待與您共享感動的時刻！
>
> 　　　　　　　　敬祝
>
> 闔家平安
>
> 　　　　　級任老師○○○敬上

二、特別要注意的對象是單親家庭、隔代扶養家庭、寄養在兒童之家的孩子，不一定是只有學生的父母才能填寫，可擴大到其主要扶養人。若是在一段時間後，某些學生的仍未交回，除了可以用信函、電話提醒，在特殊的狀況下，亦可請科任老師或由級任老師代為書寫。

孩子，我想這樣讚美你！

我心愛的寶貝＿＿＿＿＿＿：

　　我覺得你很棒，因為

　　□ 你很體貼，會關心身邊的人

　　□ 你很用功，會把作業寫得非常好

　　□ 你很愛乾淨，會整理自己的房間

　　□ 你很懂事，會幫家人做事情

　　□

　　□

　　　　　　　　　　　　　　　　　　　　　　　　　　　上

　　　　　　　　　　　　　　　　年　　　月　　　日

三、在陸陸續續收到家長回函後，可在教室中佈置一角「愛的連線」，張貼出這份「驚喜禮物」，務必讓每一位學生都有屬於自己的讚美信。

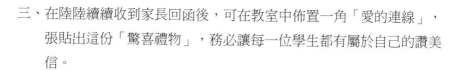 教學活動：

一、準備活動（10分鐘）

於課堂中，邀請學生分享看到讚美信後的感覺，可以嘗試以下問句：

㈠當你看到有人寫讚美信給你的時候，心情怎麼樣？

㈡要怎麼對寫信的人說出你的感謝？

㈢你覺得有哪些地方其實是可以做得更好的？

二、發展活動（20分鐘）

請學生填寫「自我檢討」，不讓學生僅僅生活在被成人過度讚美的世界裡，讓他們能實際地檢討自己的優缺點。

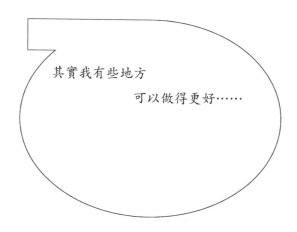

其實我有些地方

可以做得更好……

三、綜合活動（10分鐘）

㈠請學生分享在今天活動之後的感受。

㈡教師可以將學生寫的自我檢討張貼在教室中。

生命教育 理論與教學方案

6 外婆到哪裡去了？

⏱ 40分鐘

國小低年級 ▎目標▶ 協助兒童了解老化與死亡

教學準備：

一、請老師準備作業單（請參考附錄二作業單）、圖畫紙。

二、本活動可使用兩節課的時間，使學生能充分地畫圖學習，兩節課的
活動可使用附錄二的兩張作業單，將活動分成兩節，兩節課的準備
活動和綜合活動相同，唯發展活動分為兩段進行即可。

教學活動：

一、準備活動（10分鐘）

㈠發下作業單（註：作業單上有童謠內容）。

㈡教唱童謠：

搖啊搖，搖啊搖，搖到外婆橋，外婆說我好寶寶，給我一塊糕。

請老師配合童謠設計簡單的動作，並說明童謠的內容。

㈢請學生一起唱童謠並做動作。

二、發展活動（25分鐘）

㈠請老師以自己為童謠的主角，編一個有關童謠來源的故事，再根
據作業單順序來編故事（註：可自由創作或參考附錄一的故事，
故事的內容包括童謠的來源、外婆的眼鏡、外婆假牙、外婆生
病、外婆不見了）。

㈡請學生根據老師的故事順序，將作業單完成。

㈢老師每說一段故事後，就讓學生作答或畫圖。

㈣當老師說到第五題的故事時，請老師發下圖畫紙給學生作答。

㈤學生在畫第五題的圖畫時，老師可走動觀看或詢問學生的作品內容，以作為統整學生答案的參考。

三、綜合活動（5分鐘）

㈠可使用大團體自由發表的方式，或由老師指定特定的學生來發表第五題的圖畫內容。

㈡由老師結論老化與死亡的概念，並收回作業單評分或給予回饋。

 參考資料：

1. 林薰香譯（1995）。**奶奶與我**。台北：允晨文化。

2. 張南星譯（1989）。**奶奶**。台北：富春文化。

附錄一：參考故事——外婆的故事

1. 外婆是媽媽的媽媽，她住的地方有一座橋，我都叫它外婆橋。外婆很會做蛋糕，有巧克力的、有草莓的，每一種都好好吃，每次我到外婆家，外婆都會給我一塊蛋糕吃（作業單題一）。

2. 有一年暑假，爸爸媽媽很忙，所以請外婆照顧我，所以我就到外婆家去住了。我發現外婆有好幾副眼鏡，看報紙時用一副眼鏡，看電視時用另一副眼鏡，外婆每次看東西的時候都好忙哦（作業單題二）！

3. 我又發現外婆的牙齒不在嘴巴裡，而是在浴室裡，有一回我早上刷牙時，看到一副牙齒用水泡在杯子裡，嚇了一大跳！（作業單題三）

4. 有一天，外婆突然昏倒了，被鄰居送到醫院去，我在醫院裡看到外婆躺在床上一動也不動，身上插了許多的管子，我一直叫著外婆，可是外婆都不回答我（作業單題四）。

5. 我找不到外婆了，外婆不在醫院裡也不在外婆橋，我問媽媽外婆到哪裡去了，媽媽只是哭，沒有回答我（作業單題五）。

附錄二：作業單──外婆到哪裡去了？

我的名字是：＿＿＿＿＿＿＿　　座號：＿＿＿＿

> 搖啊搖，搖啊搖，搖到外婆橋，
> 外婆說我好寶寶，給我一塊糕。

一、　請你想一想童謠中，外婆會說什麼，會給你什麼東西？

「搖啊搖，搖到外婆橋，外婆說＿＿＿＿＿＿，

給我＿＿＿＿＿。」

二、　請你畫一畫外婆的眼鏡。

三、　請你畫一畫外婆的假牙。

四、　請你想一想外婆怎麼了，並試著畫外婆在醫院的樣子。

五、　請你想一想外婆去哪裡了，並請你畫下來（請畫在圖畫紙上）。

7 我們不同

⏱ 80 分鐘

國小低年級　┃┃目標┃▶ 協助兒童了解不同生命的價值

☀ **教學準備：**

教師準備圖畫紙和彩色筆，學生每人一份，或請學生自備。

☀ **教學活動：**

一、準備活動（可以利用一節美勞課作畫）

(一)教師引起動機：「你現在有沒有養寵物？以前是否養過寵物？」
待學生回答。教師繼續問學生：「假如你不曾養過寵物，當你想
養寵物的時候，你會選擇什麼作為你的寵物？」學生回答。

(二)請學生將自己目前養的寵物，或曾經養過的寵物，或不曾養而想
養的寵物，選擇一隻畫在圖畫紙上。

二、發展活動

(一)分組討論：讓學生輪流在小組（約 4 人）出示自己的圖畫，並向
同組成員介紹自己所畫的寵物，包括寵物是什麼？什麼名字？養
多久？寵物吃什麼？會做什麼？和自己有什麼不同？

(二)班級團體討論：教師先示範，例如：「我養了一缸小魚，牠們游
泳的時候，不用轉身掉頭，就可以前進後退，也可以上上下下，
而我就不能夠這樣游泳。」邀請志願的學生，或由教師指名學生
發表。教師說明：「請向大家介紹，有什麼你會做的，你的寵物
不會？有什麼是你不會的，而你的寵物會做？」學生一邊回答，
教師一邊將寵物會而人不會的，和人會的而寵物不會的，分別寫

在黑板上。

㈢教師整理寫好的板書,和學生一起看過。

㈣教師接著問學生:「除了你的寵物之外,你還知道有什麼動物會做的事?而你卻不會?」學生回答,教師寫板書。整理之後,與學生共同看一次。

三、綜合活動

教師結論:「我們會做很多的事,而動物也會做很多的事。此外,不同的動物會做不一樣的事。」

8 我們喜歡彼此

⏱ 80分鐘

國小低年級 ▌**目標** 促進兒童接納不同生命態度的發展

☀ **教學準備：**

教師準備圖畫紙和彩色筆，學生每人一份。或請學生自備。

☀ **教學活動：**

一、準備活動（可以利用一節美勞課作畫）

(一)教師引起動機：「上次你已經向大家介紹過你的寵物，或未來選擇的寵物。我相信，你與你的寵物之間可能發生過許多有趣或對你有意義的事。今天，我將請你告訴我們有關你與你的寵物之間哪些有趣的經驗，或有意義的經驗，甚至對你而言是重要的經驗。如果有超過兩次以上的經驗，請你選擇其中一件你想告訴我們的經驗，在那一次你和你的寵物在做什麼，請畫在圖畫紙上。」

(二)學生作畫。

二、發展活動

(一)分組活動：讓學生在小組（4人）中一邊展示所畫的圖，一邊向其他三人說明自己所畫的故事。教師協助各組進行活動。

(二)團體活動：教師請志願的學生和學生相互推薦的學生上台，向全班同學分享他與他的寵物所發生的那一件有趣的經驗，或重要的經驗。

三、綜合活動

　　教師歸納學生所分享的經驗與其中的情感情緒。之後，請學生發表如何照顧和善待寵物，會使得他們養的那種寵物活得健康快樂。

註：第七單元與第八單元最好連續實施。

9 健康大富翁

國小中年級　**目標** 促進兒童重視自己生命價值的態度之發展

⏱ 80分鐘

教學準備：

　　教師準備一張全開健康大富翁壁報紙（參考附錄一）、磁鐵夾兩個、十六開圖畫紙十八張、彩色筆。

教學活動：

一、準備活動

　　以小朋友共同的養蠶經驗為例，鼓勵學生討論：

㈠飼養的蠶寶寶是不是全都能夠化成蛾？

㈡照顧過程中，曾經擔心哪些情況對蠶寶寶的生命是具有威脅的？

㈢自己如何小心避免危險，照顧蠶寶寶長大？

㈣照顧的過程中，自己有怎樣的心情？會擔心什麼？

二、發展活動一（第一節）：製作機會卡、命運卡

㈠教師揭示健康大富翁壁報紙，說明將由全班共同完成健康大富翁遊戲。

㈡全班討論：

1. 每個人從小到大的成長過程中，可能遭遇到什麼威脅健康或有利於健康的事情？將其製作成遊戲中的命運卡（附錄二提供參考）。

2. 請有大富翁遊戲經驗的同學說明機會卡和命運卡在遊戲中的用途。

(三)分組討論製作：
　1. 全班分成六組，分給每組三張圖畫紙，每張圖畫紙分成四等份，共有十二張紙卡。
　2. 分組討論：請各組討論機會卡與命運卡內容各六張，為避免各組重複，請各組將討論內容寫在黑板上相互觀摩。
　3. 分組製作：在確定內容後，著手製作機會卡和命運卡各六張。

三、發展活動二（第二節）：遊戲體驗與討論

(一)教師揭示健康大富翁壁報紙、機會卡、命運卡。

(二)說明遊戲規則：全班分成兩組，一組一種顏色的磁鐵，由起點同時開始，擲骰子決定前進步數，中間有不同關卡、機會、命運，最後先抵達「健康成長」的組別獲勝。

(三)引導全班共同討論：
　1. 長大的過程中，自己曾經遭遇對生命威脅的危機有哪些？是如何度過的？有沒有人協助？
　2. 避免危機、保護自己生命的方法有哪些？

四、綜合活動

(一)綜合學生討論的內容，協助學生體認到在成長過程中，有時因為不好的機會、命運對自己的健康造成威脅，使自己離「健康成長」的目標較遠；但同時也可能因為有更好的機會、命運，克服難關，擁有「健康成長」。

(二)透過討論，使學生省思擁有健康的不易和生命的無價與重要。

(三)「健康大富翁」佈置於教室，鼓勵學生運用。

※ 附錄一：

健康大富翁

遊戲規則：由起點開始，擲骰子決定步數，先抵達終點者獲勝。

起點⟹ 終點					
		機會卡			
		命運卡			

生命教育 理論與教學方案

附錄二：

命運卡

機會卡

命　運
吃了過多油炸食物，熱量過多，健康指數後退 5 步。

機　會
得到健康寶寶爬行比賽冠軍，再玩一次。

命　運
按時施打預防針，病毒來襲我不怕，往前跳躍 4 步。

機　會
寒流來襲沒有添加保暖衣物，得重感冒回到起點。

命　運
走廊奔跑不慎滑倒受傷，健康指數回起點。

機　會
睡眠充足精神好，高 EQ 少發怒很健康，往前跳躍 5 步。

命　運
遵守交通規則出門保平安，健康前進步數是骰子數的兩倍。

機　會
愛吃糖，少刷牙，牙疼受不了，休息暫停二次。

命　運
嚴重偏食造成營養不良，休息暫停玩一次。

機　會
參加健康檢查抽獎活動獲大獎，連續玩三次。

命　運
每日運動 30 分，身心健康前進 10 步。

機　會
不會游泳又不慎落水，退後 8 步做 CPR 保健康。

10 生命工程師

國小中年級

⏱ 80 分鐘

▶目標 學習對自己負責和照顧自己

🌀 教學準備：

蒐集動物撫育幼子的圖片，父母照顧子女的溫馨圖片。

🌀 教學活動：

一、準備活動（20分鐘）

㈠展示蒐集到的圖片，說明小動物和小朋友一樣，健康的成長需要被哺育、被照顧。

㈡大團體討論：說一說在家裡是誰照顧你的生活起居作息？

㈢大團體討論：家人（哪些家人）為你做些什麼？如何照顧你？

㈣完成附錄一「成長加油站」學習單。

二、發展活動（20分鐘）

㈠分組調查彙整，並摘要出「成長加油站」學習單中，家人給予最多的照顧內容或行為，提問進行討論。

㈡分組討論：小朋友想想看，在家人給予你的照顧當中，有哪些是你覺得自己已經可以獨自完成，而不用家人代勞的事？並勾選在「成長加油站」學習單的最後欄位。

㈢分組討論：你認為自己可以獨自完成的理由是什麼？

㈣將上述的理由，填入附錄二「打造一個我」學習單，帶回請家長做一回饋，對子女學習成長的想法表示意見，促進親子溝通。

三、綜合活動（40分鐘）

　　㈠分組討論：就「打造一個我」學習單進行討論，說一說，什麼樣
　　　　的方式是大人贊成的？為什麼？

　　㈡小團體討論：說一說，什麼樣的方式是大人反對的？為什麼？

　　㈢分組報告：分享心得。

　　㈣教師鼓勵學生將心比心，體會家長的立場和心境。引導學生思考
　　　　自己的能力、責任為何？

附錄一：生命工程師學習單——

成長加油站

親愛的小朋友：

◎在生活當中，家人就像我們的加油站，只要我們有需要，家人就會給
　我們幫助。想想看，家人為我們做了哪些事情？

項次	家人稱呼	加油內容	加 油 量	勾選欄
1			□每天□常常□偶爾	
2			□每天□常常□偶爾	
3			□每天□常常□偶爾	
4			□每天□常常□偶爾	
5			□每天□常常□偶爾	
6			□每天□常常□偶爾	
7			□每天□常常□偶爾	
8			□每天□常常□偶爾	
9			□每天□常常□偶爾	
10			□每天□常常□偶爾	

附錄二：生命工程師── 打造一個 我

給自己的話

◎經過上一張的紀錄，你一定發現：有些事真的很重要，沒有家人的幫助是不行的。但是，再仔細想想看，一定有哪些事是你自己可以做好而不用家人幫忙的呢？

◎也許你會發現家人和自己的想法不一樣，怎麼辦呢？良好的溝通，絕對是圓滿的解決方法。

給家長的話

◎孩子長大了，會期待自主，這是學習獨立的好機會，不論您是否贊成孩子的做法，請一定支持孩子想長大的心情，然後再告訴他怎麼做會更好。謝謝您的協助。

級任老師○○○敬上

我會照顧自己，我的方法是……		
家人意見	□贊成 □不贊成	原因：

我會照顧自己，我的方法是……		
家人意見	□贊成 □不贊成	原因：

我會照顧自己，我的方法是……		
家人意見	□贊成 □不贊成	原因：

11 我和我的家人

國小中年級　｜目標｜　了解自己和家人的關係

⏰ 80分鐘

🔥 教學準備：

準備各種動物的圖片、色筆、空白圖畫紙（8k）。

🔥 教學活動：

一、準備活動（20分鐘）

㈠教師展示動物圖片，說明每一種動物的特性不同。

㈡引導思考哪一種動物的特性，可以用來代表自己的家庭特色。

㈢發表：自己的家庭像何種動物？

二、發展活動（40分鐘）

㈠教師引導進一步思考，每一個人和家人的關係：就好像這一隻動物的全身，誰的個性像頭、誰的特質像腳，大家一起合作才能向前跑，到達想去的地方，也才能做各式各樣的活動。

㈡把自己所認為像的動物畫出來，然後按照家人個數像拼圖一樣分成幾塊（和家人數目一樣），畫出或寫下家中的每一個人，每一個分塊寫一個人，並塗上不同顏色。

三、綜合活動（20分鐘）

㈠分組討論：自己家庭的動物拼圖，誰放在哪一個部位？理由是什麼？並寫在「我和我的家人記錄表」。

㈡分組討論：自己所放的位置，原因是什麼？比較跟別人有什麼不

同？

㈢發表：各組推派代表一名，做大團體的分享。

㈣教師統整家庭成員的重要性，每個人都有不同的長處或特質，可做不同的貢獻。

☀ **附錄：**

我和我的 **家人** 記錄表

我覺得我的家庭像一隻：

因為：

家人稱謂	動物拼圖的部位	理由說明

12 男孩女孩一樣好

國小中年級

⏱ 80分鐘（前40分鐘準備與發展活動，後40分鐘綜合活動）

➡ 目標 增進兒童晚期兩性的了解與接納

教學準備：

一、教師設計學習單。

二、學生思考平日喜歡從事的活動。

教學活動：

一、準備活動（20分鐘）

(一)引起動機：請學生發表平日在校喜歡做的活動。

(二)全班學生四到五人分為一組，組內兼有男女生，人數盡量相近。

二、發展活動（20分鐘）

(一)教師發下學習單，一組兩張，男生一張、女生一張，請學生參考
範例，為同組中不同性別的組員設計「勝利計畫」活動單內容，
除了考量活動為其能勝任、做得好之外，亦不會違反學校與師長
的規定。

(二)完成學習單之後，組員交換學習單並討論，比較不同性別各自擅
長哪一類活動，以及其間的差異。

(三)學生在指定日期內必須依組員規劃的活動，完成其內容，並請見
證人簽名。

三、綜合活動（40分鐘）

(一)在前述活動進行若干天後，請學生以大團體方式分享與討論感受

和心得。

㈡教師可參考以下問句，引導學生發表：

1. 請說明你喜歡活動中的哪一個部分，它帶給你什麼感覺？

2. 活動中有沒有不適應的部分？為什麼？

3. 設計者如何得知異性哪項活動做得好？

4. 透過觀察、設計、實行等過程，對不同性別同學是否有更深入的認識？

☼ 附錄：範例

勝利計畫

時　間	場　所	活動與器材	對　象	證明人
下課 10 分鐘	教室	摺紙	自己	
下課 20 分鐘	遊戲區	連續跳繩 50 下	和同學一起	

勝利計畫

第　　　小組　活動設計者：　　　　　　　　　（男生／女生）
　　　　　　　活動實行者：　　　　　　　　　（男生／女生）

時　間	場　所	活動與器材	對　象	證明人

13 圓夢大師

國小中年級 ▎▎目標▶ 增進兒童對他人正向的情感

⏱ 40分鐘

☀ 教學準備：

一、學生準備八開圖畫紙一張、黑色簽字筆。

二、老師可以準備一枝虛擬的魔法棒。

☀ 教學活動：

一、準備活動（３分鐘）

教師提示：以童話故事《灰姑娘》中的仙女為例，說明擁有無限魔力的仙子可以了解灰姑娘的願望，並展現法力幫助灰姑娘。

二、發展活動（20分鐘）

㈠全班討論：你對你身邊的親人、老師、同學、朋友的想法和願望，有多少了解？

㈡全班體驗：每位閉上雙眼，在心中想像出一位你能了解或猜測出他的願望的人，且想為他達成願望的對象。決定好的同學請睜開雙眼。

㈢賜予法力：老師手持魔法棒，告訴同學將賜予每個人有相同的法力。

㈣全班開始作畫，並請完成後在圖畫下方做簡單說明。

三、綜合活動（17分鐘）

㈠分組分享：全班分組，並請每位同學利用一分鐘時間，輪流向同

組同學分享說明自己的作品。

㈡大團體分享：每組選擇一位同學向全班分享作品內容。

㈢大團體討論：分享選擇對象的想法，對他的感覺。如果真的能幫他圓夢，自己會有怎樣的心情。

㈣教師綜合討論：

1. 平常我們接受許多人的關心，但很容易忽略愛我們的人的想法與希望。

2. 想要知道別人心中的想法，需要仔細的觀察與思考。

3. 能為愛我們的人圓夢是如此快樂，且許多是我們可以努力去實現的，不僅是夢。

14 為寵物命名

國小中年級

🕐 40分鐘

┃目標▶ 增進兒童對其他生命的尊重與珍惜

🔅 教學準備：

一、請小朋友在課前帶寵物圖片到學校。

二、如果沒有寵物的同學，可以選擇自己喜歡的一種寵物畫下來。

🔅 教學活動：

一、準備活動（7分鐘）

㈠以中國傳統父母為子女命名為例，因考慮性別、排行、父母期望而有不同的名字差異。如：女生多是「美」、「淑」；男生多是「雄」、「富」、「貴」。

㈡請學生發表，是否知道自己名字是誰取的？取名字的人當時的想法是什麼？有怎樣的期望、心情？

二、發展活動（25分鐘）

㈠全班討論：請學生閉上雙眼想一想，如果自己可以選擇一種有生命的寵物，你會選擇的是什麼？

㈡大團體討論：

　1.你會為牠取什麼名字？有怎樣的期望呢？

　2.你會如何照顧或保護他，使牠平安長大？

　3.你期望別人怎樣對待你的寵物呢？

㈢完成學習單。

三、綜合活動（8分鐘）

（一）綜合學生的想法，反映學生對不同寵物有相同的寶貝心情。

（二）引導學生體認我們對不同的生命應有的尊重與疼惜。

（三）張貼學習單，鼓勵相互分享。

附錄：

寶貝我的寵物

小朋友：

　　你是不是曾經飼養小動物，是誰為牠取名字呢？假如你可以自己做決定，你想要照顧的是什麼動物？你會為牠取什麼名字？取這名字的原因是什麼？

寵物主人：＿＿＿年＿＿＿班姓名＿＿＿＿＿＿＿＿＿＿
我想照顧的寵物是＿＿＿＿＿＿（可以貼上圖片或畫下來）

＊我希望牠＿＿＿＿＿＿＿＿＿＿＿＿＿＿＿＿＿＿＿＿＿＿

＊我想為我的寵物取的名字是：＿＿＿＿＿＿＿，原因是：

＿＿＿＿＿＿＿＿＿＿＿＿＿＿＿＿＿＿＿＿＿＿＿＿＿＿＿

＊為了照顧牠和保護牠，我的做法是：＿＿＿＿＿＿＿＿＿

＿＿＿＿＿＿＿＿＿＿＿＿＿＿＿＿＿＿＿＿＿＿＿＿＿＿＿

＿＿＿＿＿＿＿＿＿＿＿＿＿＿＿＿＿＿＿＿＿＿＿＿＿＿＿

15 明星大會串

國小中年級

⏲ 40分鐘

▶ **目標** 協助兒童了解自己在團體中的角色及重要性

🌀 教學準備：

一、請學生回家寫作業單（請參考附錄）。

二、請老師準備數張（根據組數）全開的壁報紙。

🌀 教學活動：

一、準備活動（5分鐘）

（一）請學生分組討論回家作業單的內容。

（二）請學生重新思考代表自己的動物。

二、發展活動（20分鐘）

（一）老師引導學生思考：「原本所有的動物都快樂地住在歡樂森林中，但是人類不小心引起火災，把森林都燒光了，動物們要重建家園，每一隻動物都要為歡樂森林盡一份心，請各組的小朋友思考代表自己的動物可以為森林做些什麼？」

（二）請各組學生進行討論，並共同畫一幅歡樂森林重建圖，原則是每個人都要畫自己的動物和重建圖的一部分。

三、綜合活動（15分鐘）

（一）請各組學生上台來介紹圖畫中的角色，以及每個角色為歡樂森林重建的工作事項，原則是每個人都要做介紹。

（二）由老師統整並總結每個角色在團體中的重要性。

☀ **附錄：**

班級：＿＿＿＿＿＿　姓名：＿＿＿＿＿＿　座號：＿＿＿＿＿＿

什麼動物很像我？

　　世界上有好多好多的動物，有天上飛的、地上爬的，還有水裡游的，每一種動物都有牠厲害的地方，請你想一想，什麼動物和自己很像？哪裡像？（至少寫5種動物）

1. 我覺得我像＿＿＿＿＿＿，因為…………

2. 我覺得我像＿＿＿＿＿＿，因為…………

3. 我覺得我像＿＿＿＿＿＿，因為…………

4. 我覺得我像＿＿＿＿＿＿，因為…………

5. 我覺得我像＿＿＿＿＿＿，因為…………

6.

┊
┊
┊

16 再見，奶奶

國小中年級

⏱ 80分鐘

目標 促進少年面對死亡的哀傷和因應能力的發展

🕐 教學準備：

繪本《再見，愛瑪奶奶》、實物投影機、單槍投影機、祝福卡。

🕐 教學活動：

一、準備活動（10分鐘）

㈠了解學生起點行為：教師在黑板寫「死亡」兩字，問學生：「請告訴我，就你所知道，死亡是什麼？」學生說明想法。繼之，請學生舉例。

㈡教師引導：每一個人的生命都是有限，也就是每一個人都會死，但是沒有人知道自己什麼時候會死亡。

二、發展活動（60分鐘）

㈠教師讀繪本故事《再見，愛瑪奶奶》給學生聽（這個步驟使用投影機，以利故事書投影在布幕上，讓學生看圖）。

前言：

老師這裡有一本很特別、很真實的書，小朋友會看到一隻非常可愛的貓和一位很勇敢的愛瑪奶奶，她知道自己的病很嚴重，醫生告訴她沒有辦法治療了。愛瑪奶奶沒有哭，也沒有生氣，她用了一個我們可能從來沒有想過的方法來愛自己和愛別人。想知道愛瑪奶奶是怎麼樣面對死亡的嗎？

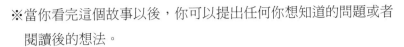

※當你看完這個故事以後，你可以提出任何你想知道的問題或者閱讀後的想法。

(二)大團體討論：

1. 奶奶知道她的病情以後，最希望的是活得快快樂樂的，像平常一樣生活。哪些事是奶奶喜歡做的呢？

2. 奶奶一點都不悲傷，也不害怕，為什麼呢？

3. 奶奶的家人都非常愛她，他們在奶奶生病這段時間，尤其是看見奶奶愈來愈虛弱了，會是什麼樣的心情？

4. 當奶奶知道自己的身體已經不行了，她的心裡可能想些什麼？

5. 佩特是奶奶的女兒，她最了解奶奶的心情，她為什麼要大家不可以在奶奶面前露出悲傷？這樣的做法對奶奶有什麼影響？對其他家人有什麼影響？

6. 奶奶的家人知道奶奶可能快死了，他們為她做些什麼呢？

7. 她的家人用什麼方式來面對愛瑪奶奶的過世？

8. 當《再見，愛瑪奶奶》書中第50、51頁裡的貓咪——小星星發現奶奶不在了，牠會有什麼想法？

9. 愛瑪奶奶雖然已經過世了，如果你是奶奶最愛的貓，你最想告訴奶奶的話是什麼？（也可書面記錄在祝福卡上）

三、綜合活動（10分鐘）

(一)大團體討論：

1. 詢問學生有無類似故事中的經驗或心情？是何人過世？親戚、朋友或寵物過世的經驗？在當時，你曾有些什麼想法或感覺？

2. 當時自己如何處理心情？有告訴誰有關自己的心情？有採取什麼行動？

3. 在生活當中，每一個人都難免會遇到傷心難過的事，如果真的覺得很難過，一直不能平復，你從上面討論中學會怎麼幫助自己？

4. 看完這個故事，如果周圍的親朋好友也遇到這樣很傷心、很難
過的事，你學習到如何幫助他？

㈡老師將學生發表的內容做一摘要統整。

㈢請學生在這個活動結束後，做一日記或心得感想的紀錄。

參考資料：

延伸閱讀書目：

書名	作者	譯者	出版社
爺爺沒有穿西裝	艾蜜麗・弗利德	張莉莉	格林
精采過一生	芭貝・柯爾	黃迺毓	三之三
獾的禮物	蘇珊・巴蕾	林真美	遠流
收藏天空的記憶*	珮特・布森	郭毓君	星月
一片葉子落下來	李奧・巴士卡力	旋元佑	經典傳訊
我永遠愛你	Hans Wihelm	趙映雪	上誼
想念	陳致元（圖）		信誼
記憶的項鍊	伊芙・邦婷	劉清彥	三之三

*《收藏天空的記憶》，建議可由老師唸或由學生共唸。

17 我是誰

國小高年級

⏱ 80分鐘

▶▶**目標** 認識自己，以及了解別人眼中的自己

教學準備：

一、圖像（動物、人物、物件皆可），最好是學生熟悉的（白雪公主、小木偶、東方不敗、F4、野狼、馬英九等），班上學生照片或教師自己的照片。

二、貼紙。

教學活動：

一、準備活動（20分鐘）

㈠說明每一種「人」或「物」都有其獨特的形象，有些是自己的看法，大部分卻都是別人給予的看法，利用圖片說明。

㈡展示教師自己的照片，舉例說明：「我覺得我自己像……，有人說我好兇，也有同學說我很可愛。有的同學父母說我太鬆了，一點都不嚴格，我自己覺得……（展示教師自認相像的圖片，也可自繪）。」

二、發展活動（20分鐘）

㈠用附錄一「非常像」學習單介紹自己，加上照片（可回家完成）進行自我認知的活動。

㈡再發下附錄二「我是誰」採訪單，請學生尋找三位熟識的受訪者（同學、家人皆可），蒐集別人眼中的自己。

㈢本活動也可利用錄音、錄影等其他方式記錄內容。

三、綜合活動（40 分鐘）

㈠發表：彙整自己蒐集的資料，上台介紹自己，也可由別人來介紹
自己，教師並不做批評。

㈡發表結束後，將全班作品公開展示。

㈢教師發給每人一張貼紙，請學生將貼紙貼於其最認同的一位同學
的作品上。

㈣教師可分享：認識一個人，從內在和外在兩個角度去看，建議教
師可利用日記或心情小語或作文方式，導引學生進行延伸活動，
對認識自己有更進一步的觀照。

參考資料：

1. 林真美譯（1997）。雷歐‧里歐尼文著。**自己的顏色**。台北：遠
流。

2. 丘慧文、郭恩惠譯（2000）。陸可鐸著。**你很特別**。台北：道
聲。

附錄一：

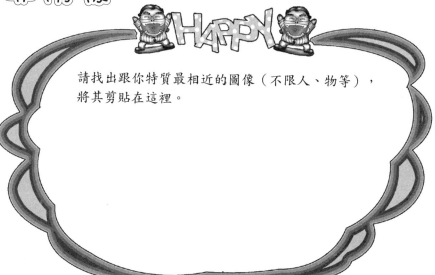

請找出跟你特質最相近的圖像（不限人、物等），
將其剪貼在這裡。

貼上你的廬山真面目吧！簡述你自己是一個
什麼樣的人？

生命教育
理論與教學方案

附錄二：

「我是誰？」訪問單

你好，為了更了解我自己，請描述你所認識的○○○，是一個怎麼樣的人呢？

謝謝你接受我的採訪　　○○○敬上　年　月　日

你好，為了更了解我自己，請描述你所認識的○○○，是一個怎麼樣的人呢？

謝謝你接受我的採訪　　○○○敬上　年　月　日

 **青春正萌芽**

國小高年級 ‖目標 了解生理的變化對自己的影響，並學習
適當因應的方式

⏱ 40分鐘

☀ **教學準備：**

　　老師準備兩份作業單（每份作業單影印全班人數）：一份作業單是
有關女性青春期特徵的問題；一份作業單是有關男性青春期特徵的問題
（可參考附錄作業單──青春正萌芽）。

☀ **教學活動：**

一、準備活動（5分鐘）

　㈠將班上同學分成兩邊：男同學一邊，女同學一邊。

　㈡請男同學思考女同學有什麼不同，請女同學思考男同學有什麼不
　　同，使用大團體討論，自由發表性別造成的不同之處。

二、發展活動（25分鐘）

　㈠老師可將黑板先畫成六大格（標明題號和性別）如下：

	1.	2.	3.
男（第一次）			
女（第二次）			

　㈡依人數將女性群和男性群分為若干組，分組討論作業單內容。

　㈢發下有關男性青春期特徵的作業單。

㈣先請女生組上台分享作業單內容，再請男生組上台分享作業單內容。

㈤請老師使用板書摘要學生第一次報告的內容。

㈥發下有關女性青春期特徵的作業單。

㈦先請男生組上台分享作業單內容，再請女生組上台分享作業單內容。

㈧請老師使用板書摘要學生第二次報告的內容。

三、綜合活動（10分鐘）

㈠請老師統整黑板上有關作業單中(1)和(2)的答案。

㈡請老師將黑板上有關作業單中(3)的答案摘要成幾個選項，讓全班同學表決適當的反應方式，並總結兩性互相尊重的原則。

附錄：

一、請你假設自己是男生，而且正在逐漸地成長當中，身體不斷地在改變，請你思考以下的問題：

　　(1)青春期的男性會出現什麼特徵？

　　(2)當你發現自己出現這些特徵時，會有什麼反應？

　　(3)你期待異性（女生）如何看待這些特徵？

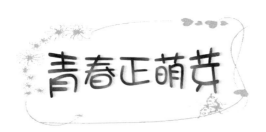

二、請你假設自己是女生，而且正在逐漸地成長當中，身體不斷地在改變，請你思考以下的問題：

(1)青春期的女性會出現什麼特徵？

(2)當你發現自己出現這些特徵時，會有什麼反應？

(3)你期待異性（男生）如何看待這些特徵？

19 我的萬花筒

國小高年級

⏱ 40分鐘

目標 增進青春期少年對自我的了解

教學準備：

學習單（如附錄）。

教學活動：

一、準備活動（5分鐘）

大團體討論：

㈠說到「猴子」，你會用什麼形容詞來形容牠的特點？（淘氣、動作靈活、撒嬌……）

㈡說到「玫瑰花」，你會用什麼形容詞來形容它的特點？（美麗、感情豐富、愛打扮……）

㈢說到「大雄」，你會用什麼形容詞來形容他的特點？（迷糊、偷懶、善良、愛現……）

二、發展活動（25分鐘）

㈠請每位學生完成學習單上第一部分對自己的描述。

㈡學生互動：每位同學可以拿著自己的學習單自由活動，邀請三位同學協助完成學習單內容。

㈢分組討論：

　1. 你對自己的形容是什麼？

　2. 同學對你的形容是什麼？

　3. 同學和你看自己有什麼相同的地方？

4. 同學和你看自己有什麼相異的地方？

㈣大團體討論：

　1. 是什麼原因使自己和別人看自己有所不同？

　2. 知道別人眼中的你，對你的幫助是什麼？

三、綜合活動（10分鐘）

㈠整合討論重點：

　1. 每個人具有許多特點，有些是自己最清楚的，也有些是自己不清楚的，且可以透過別人的分享來了解。

　2. 了解每個人是如此不同，更要肯定自己的獨特性和尊重別人的差異。

㈡請學生課後完成學習單上有關「長輩」和「我看萬花筒」的部分。

附錄：

我的萬花筒學習單

我是＿＿＿＿＿＿，我覺得（　　　）很適合形容我，
因為＿＿＿＿＿＿＿＿＿＿＿＿＿＿＿＿＿＿＿＿＿＿＿
從不同角度看萬花筒，可是不一樣的景觀喔！我相信你
對我很了解，可以用不同的方式形容我，請幫我完成屬
於我的萬花筒。

好朋友看我（一）
我覺得你很像（　　　），因為：

好朋友看我（二）
我覺得你很像（　　　），因為：

好朋友看我（三）
我覺得你很像（　　　），因為：

長輩看我（一）
我覺得你很像（　　　），因為：

長輩看我（二）
我覺得你很像（　　　），因為：

我看自己的萬花筒
這些對我的形容中，我自己也同意並相信我自己是＿＿＿＿
＿＿＿＿＿＿＿＿＿＿＿＿的一個人。
這些對我的形容中，我自己有些懷疑我自己是＿＿＿＿＿
＿＿＿＿＿＿＿＿＿＿＿的一個人嗎？

操之在我

⏱ 80分鐘

國小高年級 ▌▌目標 ▶ 發展主宰個人生命的態度

☀ 教學準備：

星座、血型、生肖、求籤單、八卦占卜等有關算命的資料圖片，可用 powerpoint 或幻燈片呈現。

☀ 教學活動：

一、準備活動（20分鐘）

㈠教師展示準備的圖片，簡要說明一般社會大眾對算命的認知，以及時下青少年喜歡的星座命盤話題。

㈡可舉手調查學生知道自己星座的人數，或者詢問：有沒有人知道雙子座（教師可自由設問）的人，是什麼樣的性格？

㈢引發學生動機之後，進行討論。

二、發展活動（40分鐘）

大團體討論：

㈠就學生對通俗刊物或坊間性格分析書籍的說法，提出質疑：你同意這本書上的說法嗎（或你真的是這樣的人嗎）？（對於尚未能回答者：沒關係，你可以再思考看看，等一下再告訴我你的想法。）

㈡如果有人說你將來會當大官或賺大錢，你會相信嗎？為什麼？

㈢如果星座或血型可以決定性格或前途，為什麼許多公司機關還要用其他標準來挑選人才？

㈣你認為哪些因素會影響個人的命運前途？有哪些是個人可以自己
　　主宰？

三、綜合活動（20分鐘）

㈠每一個學生都會長大，都有充滿希望的未來和前途，關鍵正是自
　　己。

㈡發下「命運大不同」學習單，請學生仔細閱讀後完成，並可公開
　　展示。

生命教育 理論與教學方案

☀ **附錄：**

命運大不同

親愛的同學：

你一定看過許多有關血型星座的性格分析，甚至你的長輩曾經帶你去算命，告訴你種種屬於你的一切………

然後你的人生會有兩種可能：

> 我覺得他們說的有些道理，但是我更相信自己的未來是掌握在自己手裡的。
>
> 我有能力改變自己，只要我下定決心，認真努力，我就可以達成目標。
>
> 而且如果我只相信性格、命理、血型或星座決定我的未來，那我可能永遠沒有機會改變自我，創造更不平凡的自己了。

> 按照算命師或書上寫的那樣，過每一天的生活，做別人眼中或口中的自己，因為我覺得他們說得很正確，我就是這樣的人。
>
> 就算我再努力，還是會一樣，因為命運是不能改變的。

看完上述的說法，也許你有更棒的想法，不論你如何思考，接下來請你做自己的命運魔法師，為自己預言、期許一個——

你最愛的 **未來**

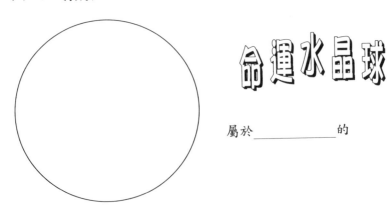

命運水晶球

屬於＿＿＿＿＿的

21 讓愛傳出去（社會、文化生活範疇）

國小高年級

🕐 80分鐘（前40分鐘準備與發展活動，後40分鐘綜合活動）

目標 發現他人與自己的關係和意義，以發展對他人的關懷

☀ 教學準備：

一、教師準備「讓愛傳出去」學習單。

二、學生預先觀察日常生活中，自己是受到別人怎樣的照顧，並且思考小學生能做到的回饋。

☀ 教學活動：

一、準備活動（20分鐘）

㈠引起動機：我們生活在群居的社會中，仰賴身旁的人照顧與扶持。我們常將孝順、待人和善與友愛掛在嘴邊，不如以具體的行動來表現對人的關心與感激。

㈡小組共同討論如何發覺身邊需要協助且自己能為之服務的對象。

二、發展活動（20分鐘）

㈠教師發下學習單，請學生擬定助人計畫，教師指導學生以具體的方式填寫計畫，包括對象、實行方式與計畫完成的時間。

㈡邀請已經完成設計的學生，說明自己的動機，可用以下問題引導：

1. 你為何選定這位對象？

2. 你怎麼知道他需要這樣的協助？

3. 提供這樣的幫助對接受幫助的人有何意義？

三、綜合活動（40分鐘）

　　請學生發表實踐後的分享，可以包括以下問句：

　　㈠覺得做得好或成功的部分。

　　㈡做得不好的部分。

　　㈢過程中遇到哪些阻礙？

　　㈣在實行過程中有無得到別人的幫助？

　　㈤還可以努力的部分。

　　㈥實踐行動後的綜合心得。

四、於活動前可參考華納公司代理、發行，凱文・史貝西、海倫・杭特、哈利・喬奧斯蒙主演的電影《讓愛傳出去》。

:◯ 附錄：

年　　班　　號　姓名：

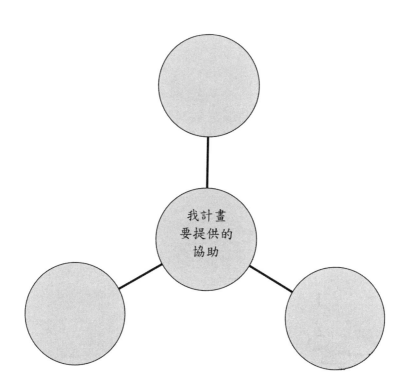

我計畫
要提供的
協助

22 我也要活下去

國小高年級

目標 發展對於所有的生物都有生存權的價值觀

🕐 80分鐘（演出準備需課餘時間完成）

教學準備：

鼓勵學生蒐集有關環境破壞的影響，造成其他生物生存的新聞或報導（例如：墾丁龍坑漏油事件、開發山坡地、土石流、黑面琵鷺死亡等時事）。

教學活動：

一、準備活動（10分鐘）

教師提供事件並解說蒐集之資料，包括時間、地點，以及實際已經造成破壞的情形，並不加以評論。

二、發展活動（30分鐘）

㈠大團體討論：並將發表結果寫在黑板上。

　1.環境遭受破壞，可能造成了哪些結果或破壞？

　2.該地可能有哪些生物居住？

　3.對居住該地的生物會產生什麼影響？

㈡教師引導設計成該地居民（包含人類及其他生物）的「我要活下去」生存討論大會，假想其立場，為其爭取生存權利。

㈢藉由動物與人的對話方式進行表演。

㈣角色分配（一組一個角色）及表演準備（包括服裝和爭論詞）。

三、綜合活動（40分鐘）

　　㈠表演（各組隨時可支援說詞，以表達自己的立場）。

　　㈡大團體討論：全班參與，投票表達自己認同的角色，提出自己贊
　　　成的理由。

　　㈢請選擇地球上的任一生物，為牠／它發表一篇「生存宣言」，並
　　　分類公告。

備註：

　　※可與自然科統整教學

附錄：我要活下去學習單

黑面琵鷺 的生存宣言

畫一隻黑面琵鷺吧！

23 座右銘

國小高年級

目標 ▶ 培養少年正向的人生價值觀

⏱ 40 分鐘

☀ 教學準備：

一、教師準備幾則名人的座右銘，如：

> 「上了球場，能力是一回事，最重要的是競技的情緒。」（高爾夫
> 球高手老虎伍茲）
>
> 「教育的最高收穫，乃學會了寬恕。」（海倫・凱勒）
>
> 「最佳的報復就是將自己做到最好。」（歌手巫啟賢）
>
> 「欲左右天下者，須先能左右自己。」（蘇格拉底）

二、指定學生課前完成座右銘學習單。

☀ 教學活動：

一、準備活動（5 分鐘）

教師分享：可以自己的座右銘或名人的座右銘和學生分享。

二、發展活動（25 分鐘）

㈠分組分享：學生約六人一組，每次一人二分鐘分享自己的學習單
內容。分享的重點如下：

　　1. 我蒐集到的名人座右銘是……

　　2. 我選擇的座右銘是……選擇時的想法是……受到的影響是……

㈡分組分享結束，同學們的座右銘有相似的地方，也有很多的不

同。

㈢共同討論：

1. 每個人選擇座右銘的原因有何不同？

2. 你期望座右銘帶給你的是……

3. 你會如何運用你的座右銘？

三、綜合活動（10分鐘）

㈠教師整理討論重點：

1. 每個人因為個性、價值觀不同，選擇的座右銘不同，彼此應該相互尊重與學習。

2. 座右銘的選擇來源可能是身邊的人、書本、名人的話，更重要的是知道自己選擇的原因，並且可以帶領自己達到理想中的自己。

㈡可配合作文課寫下短文〈座右銘與我〉等相關題目。

㈢張貼學習單，鼓勵同學相互尊重與學習。

參考資料：

丹尼士文摘網站 http://www.geocities.com/denniswatch/ten.html

附錄：

發現座右銘學習單

小朋友：

「座右銘」是古人題在座位前、牆壁上端，用來警惕、提醒自己求上進的格言或語句。當然，現代人的座右銘不一定會寫出來，但會放在心中，影響一個人的成功、交友、學習等等。古今名人留下的座右銘可真是多不勝舉，例如：

「最困難的時候，也就是我們離成功不遠的地方。」——拿破崙

「雖然我並非時時喜歡別人賜教，但是我卻長存學習的心。」——邱吉爾

今天，就讓我們來發現別人和自己的座右銘：

（　　　　　）的座右銘：
_____
_____

（　　　　　）的座右銘：
_____
_____

我選擇我相信且能幫助我、鼓勵我的話當我的座右銘：

1. _____

2. _____

3. _____

24 優點對對碰

國小高年級

⏱ 40分鐘

▌目標　促進青春期少年的自我確認與自我悅納

教學準備：

一、教師編製「優點對對碰」，內容為蒐集數十個對人適用的形容詞，
視學生對語詞了解程度而選擇，且在每個形容詞之前，有方格可供
勾選。

二、形容詞的選擇要兼顧普遍性與特殊性，而且都是正向的描述。教師
事先審核，如果能從這一張列表中，為所有學生找出適用的形容
詞，那麼這張檢核表便是相當的適用。

三、「優點對對碰」分左右兩部分，其實內容是一樣的，一邊作為自
評，一邊作為他評，學生可在檢視自己的特色之餘，也可自同學處
獲得他人的回饋。留空白處，亦可添補上教師或學生覺得檢核表未
及列出但是相當符合狀況的形容詞。

四、參考用的「優點對對碰」附於後。

教學活動：

一、準備活動（5分鐘）

我們可以透過觸摸與照鏡子了解自己的外表，但是對於行為、
個性等鏡子照不出來的特色，我們又是如何發展對自己的了解呢？
請學生們回想，過去透過哪些方式知道自己的表現，並利用小組討
論來分享自己的想法。

二、發展活動（10分鐘）

　　發下一人一張「優點對對碰」，從對自己的了解中，選出適合的形容詞，這沒有對錯之分，只有每個人感覺的不同，所以可以自己勾選形容詞，幾個都可以。在一段時間後，待全部的人都選好之後，將紙對摺，僅露出他評的部分，去邀請一位同學替自己勾選，同時自己也要替一位同學勾選他評表。教師要注意班上每一個人都能找到夥伴，若有人落單，要盡速調整。

三、綜合活動（25分鐘）

㈠自評與他評的部分都完成了，請學生檢視自己看到的與別人看到的有無一樣或不同的地方，可使用下列問句：

1. 在自己的檢核表中，有哪些形容詞你和同學都選了？

2. 在自己的檢核表中，有哪些形容詞你選了，但是同學沒有勾選？

3. 在自己的檢核表中，同學選的哪些形容詞是你之前沒有想到的？

4. 經過這次檢核活動，對自己的認識你有什麼體驗？

5. 你希望增加哪些檢核表上的特點？如何可以做到？

㈡此活動可在學期初做一次，然後檢核表由教師妥善保管，學期末再做一次，讓學生對照這兩次的結果，試著發現自己轉變的地方。

附錄：

優點對對碰

（　　　）年（　　　）班（　　　）號（　　　　　）

自評部分		他評部分	
☐ 外表整潔	☐ 身體健康	☐ 外表整潔	☐ 身體健康
☐ 笑臉常開	☐ 待人有禮	☐ 笑臉常開	☐ 待人有禮
☐ 反應靈敏	☐ 口齒伶俐	☐ 反應靈敏	☐ 口齒伶俐
☐ 吃苦耐勞	☐ 有創造力	☐ 吃苦耐勞	☐ 有創造力
☐ 做事有效率	☐ 有領導力	☐ 做事有效率	☐ 有領導力
☐ 輕聲細語	☐ 待人友善	☐ 輕聲細語	☐ 待人友善
☐ 擅長運動	☐ 活潑大方	☐ 擅長運動	☐ 活潑大方
☐ 團結合群	☐ 熱心公益	☐ 團結合群	☐ 熱心公益
☐ 自動自發	☐ 注重環保	☐ 自動自發	☐ 注重環保
☐ 獨立思考	☐ 有主見的	☐ 獨立思考	☐ 有主見的
☐ 手藝靈巧	☐ 擅長繪畫	☐ 手藝靈巧	☐ 擅長繪畫
☐ 擅長音樂	☐ 擅長電腦	☐ 擅長音樂	☐ 擅長電腦
☐ 感情豐富	☐ 專注力夠	☐ 感情豐富	☐ 專注力夠
☐ 文筆流暢	☐ 幽默風趣	☐ 文筆流暢	☐ 幽默風趣
☐ 愛動腦的	☐ 愛冒險的	☐ 愛動腦的	☐ 愛冒險的
☐ 文靜內向	☐ 喜愛閱讀	☐ 文靜內向	☐ 喜愛閱讀
☐ 用功認真	☐ 有同情心	☐ 用功認真	☐ 有同情心
☐ 孝順長上	☐ 友愛同學	☐ 孝順長上	☐ 友愛同學
☐ 喜歡做家事	☐ 樂觀開朗	☐ 喜歡做家事	☐ 樂觀開朗
☐ 個性隨和	☐ 誠實坦然	☐ 個性隨和	☐ 誠實坦然
☐ 做事勤快	☐ 善解人意	☐ 做事勤快	☐ 善解人意
☐（　　　）	☐（　　　）	☐（　　　）	☐（　　　）
☐（　　　）	☐（　　　）	☐（　　　）	☐（　　　）
		請簽名：	

25 死亡習俗小百科

⏱ 40分鐘

國小高年級 | ▶目標 增進少年對死亡與文化關聯性的認識

☀ 教學準備：

一、請學生在課前盡量多蒐集和死亡相關的資料、習俗。

二、老師將「死亡習俗小百科」的調查表放大至 A3 大小，每組一張備用。

☀ 教學活動：

一、準備活動（10分鐘）

㈠老師在黑板上畫出和「死亡習俗小百科」上一樣的放大分類表。

㈡小組分享：全班分成七小組，每組一位組長。請同學將完成的「死亡習俗小百科」調查表拿出進行分享，分享的重點在依照分類整理每一組的重點。

㈢小組作業：每一組負責上台寫出一種分類的內容，以完成黑板上的分類表。例如：第一組負責人物、第二組負責物品……等。

二、發展活動（20分鐘）

㈠全班討論：請同學們檢視黑板上的分類表和個人的學習單內容，有沒有可以提出再補充處，以使小百科內容更完善。

㈡小組活動：各組派代表簡單介紹所負責的內容，如：第一組的「人物」，介紹道士、尼姑、禮生、神父、孝男、孝女等，學生有疑問可適時地提出，與小組代表互動。依此模式，讓七組分別介紹七類（介紹方式可以彈性化，如音樂可以哼、演奏；活動可

以簡單演出來）。

三、綜合活動（10分鐘）

全班討論：在老師引導下共同討論活動後的心得、想法。參考問題如下：

㈠「死亡習俗小百科」中的內容，哪些是你原本就很熟悉的？為什麼？（家族經驗、宗教信仰、媒體獲知……）

㈡「死亡習俗小百科」中的內容，哪些是你原本陌生不熟悉的？為什麼？

㈢各地關於死亡習俗、文化內容的不同，是受到哪些因素影響？（宗教、社會變遷、經濟、地理環境……）

附錄：

死亡習俗小百科調查表

各位同學：

在日常生活中，你曾經聽到、看到的經驗中，哪些是和死亡相關聯的習俗、文化？把你所想到、知道的，簡明地記在下面的分類表中。或者，你也可以利用不同的方法，如：訪問、閱讀、電影、圖片、網路等豐富你的資料，並將所蒐集到的資料帶到課堂上分享。

調查員： 年 班 姓名

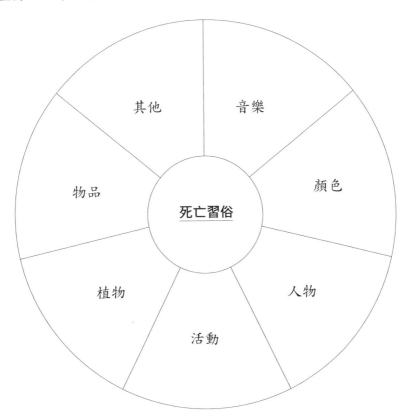

國民中學階段
生命教育教學方案

目次表

偶像拼圖

🕐 45 分鐘

國中階段 **目標** 了解個人悅納自己的程度

🌟 教學準備：

指定學生先行作業：完成「偶像拼圖」學習單（參考附錄一）。

🌟 教學活動：

一、準備活動（10 分鐘）

㈠教師播放三小段音樂，讓學生搶答主唱者（音樂選擇兩首當下青少年偶像的歌曲，一首為教師本身偶像的歌曲）。

㈡教師分享自己偶像的特色，與喜歡該偶像的原因。

二、發展活動（30 分鐘）

㈠偶像拼圖：

1. 教師將學生有相同偶像的三至四人分為一組，自由分享（偶像拼圖）學習單的內容（10 分鐘）。

2. 進行小組報告「偶像拼圖」學習單的內容。

3. 邀請學生自己發言，個人喜歡該偶像的哪些特質。

㈡從偶像來看自己：

1. 教師發下「偶像與我」的學習單（參考附錄二）。

2. 引導學生去思考自己和偶像的相似與相異處。

3. 小組分享學習單填寫的內容（5 分鐘）。

4. 邀請學生自由發言。

5. 歸納學生發言的內容，增強學生和偶像相似特質的部分。

㈢如果我也是偶像：

　　1. 教師提問：「現在假設你也是一位偶像，你覺得你的哪些特質
　　　　是被你的影迷或歌迷所喜愛的？」

　　2. 邀請學生自由發言。

　　3. 歸納學生發言的內容，並給予高度的肯定。

三、綜合活動（5分鐘）

㈠喜歡偶像，更愛自己：

　　教師說明其實偶像崇拜反映了個人對自己的期許，甚至偶像擁有
　　和自己類似的特質。

㈡鼓勵學生在日後生活中能更肯定自己，喜歡自己，更愛自己！

附錄一：

我的偶像拼圖

請你想一想你的偶像是誰？並請你為你的偶像做詳細介紹，讓大家更了解他（她）吧！

偶像的名字
偶像的性別
偶像的生日
簡單描述偶像的長相（外型）
偶像的穿著特色
偶像的興趣
偶像的專長
偶像的人格特質（個性）
你為什麼選他（她）成為你的偶像呢？

附錄二：

偶像和我

請你比一比你和你的偶像的相似和相異處……	
相似處	相異處

假設你也是一位偶像，你覺得你的哪些特質是被你的影迷或歌迷所喜愛的？

2 「反」完全自殺手冊

⏱ 45 分鐘

國中階段 ▌**目標** ▶ 使學生學習珍惜生命

☀ **教學準備：**

一、教師蒐集自我傷害相關新聞資料。

二、教師閱讀自我傷害的相關書籍。

☀ **教學活動：**

一、準備活動（5 分鐘）

㈠教師朗讀一篇青少年自我傷害的新聞剪報。

㈡邀請學生自由發表，聽完這篇新聞的感受。

二、發展活動（35 分鐘）

㈠自我傷害面面觀——探討自我傷害的原因、情境、方式、結果。

　　1. 教師將學生四至五人分為一組，每組發下「自我傷害面面觀」的學習單（附錄一）。

　　2. 請各組學生就其所知討論，同學中自我傷害的原因、情境、方式及結果（10 分鐘）。

　　3. 教師邀請各組報告其討論的內容。

　　4. 教師歸納各組報告的重點，並強調自我傷害並不能解決問題。

㈡預防自我傷害：

　　1. 教師提問：「你曾經想過自我傷害嗎？後來，你做了嗎？如果你沒做，是什麼原因或想法使你決定不自我傷害的呢？」

　　2. 教師邀請學生自由分享。

3. 教師引導學生從自我傷害的情境、原因，來思考預防的方法。

4. 小組進行討論預防之道（7分鐘）。

5. 邀請小組發表討論結果。

6. 討論完，請各組發表討論結果。

三、綜合活動（5分鐘）

　　教師歸納各組預防自我傷害的方法，並強調珍惜自己的生命，唯有活著才有一切的可能。

參考資料：

高靜懿、陳智倫編（1995）。**校園自我傷害防治處理手冊**。教育部
　　編印。

附錄：

「自我傷害面面觀」學習單

各位同學，在你們的生活周遭，可能是你的親朋好友，或是來自新聞報導，自我傷害的事件時有所聞，現在請你們就所知道的資料來分析以下的問題！

一、通常會為了什麼原因而自我傷害？
二、在怎樣的情境下，會想要自我傷害？
三、你所知道的自我傷害，會用哪些方法？
四、你所知道的自我傷害，通常會有什麼結果？
五、你曾經想過自我傷害嗎？後來，你做了嗎？如果你沒做，是什麼原因或想法使你決定不自我傷害的呢？
六、有哪些方法可以預防自我傷害？

3 我畫我看我的生命

⏱ 45分鐘

國中階段 ▶**目標** 肯定自己生命的意義和價值

☀ 教學準備：

一、教師準備「我的生命曲線圖」學習單。

二、教師準備柔和的背景音樂。

☀ 教學活動：

一、準備活動（8分鐘）

㈠教師播放背景音樂，並請學生閉上眼睛。

㈡教師引導學生開始回想：「各位同學，現在我們進到時間的河流，時間的河流將帶我們回到最早的回憶，你想起了什麼呢？……接下來，你又長大一點了，你又想起了什麼呢？……後來，你上小學，你最有印象的又是什麼事呢？……現在回想起的每件事情，對你生活的影響和起伏是如何呢？……現在可以緩緩張開你的眼睛，深深地吸氣。」

※教師要特別注意，若此時有學生出現強烈的情緒，務必在下課後個別談話。

㈢音樂結束。

二、發展活動（30分鐘）

㈠教師發下「我的生命曲線圖」學習單。

㈡教師說明畫生命曲線圖的方式，並請學生在自己的學習單上畫下自己的生命曲線圖。

㈢教師將學生四至五人分為一組，進行小組分享。（15 分鐘）

　　※分享討論提綱：

　　1. 當你畫生命曲線圖低伏線時，你想到的是什麼事情呢？

　　2. 這些事件對你有什麼樣的意義和影響？

　　3. 這些事件對你的成長有什麼助益？

　　（教師提醒學生就自己可以分享的事情才說出來，若覺得擔心、不安全就不要提。）

㈣教師邀請學生自由分享。

三、綜合活動（7 分鐘）

㈠教師歸納學生的發言。

㈡教師總結：「在人生的旅途中，不管你遇到的是順境、還是逆境，歡喜的、還是悲傷的，這些如意或不如意的事情，都是你成長的一部分足跡！」

生命教育 理論與教學方案

附錄：

我的生命曲線圖

高點

低點

有記憶開始　小學　國中　現在

4 子不養父之過

國中階段 ┃目標┃ 認識生育子女應面對的責任

⊙ 45分鐘

☼ **教學準備：**

　　指定學生先行作業，並分發作業單「父母心‧子女情」（見附錄），請學生訪問自己或他人父母親生育第一位子女前後的心情。

☼ **教學活動：**

一、準備活動（10分鐘）

　　㈠教師以生活例子引發學生思考小生命一旦誕生則無法遺棄，必須尊重並面對生命誕生的種種問題。例如：如果遺棄寵物，請學生自由發言設想寵物流浪街頭將面對的困境。

　　㈡引發學生了解生命一旦誕生，則會開始成長，照顧的人必須負起責任。

二、發展活動（30分鐘）

　　㈠了解當父母的心情集錦：

　　　1. 教師將學生分為三至四人一組，自由分享先行作業所訪問的內容。

　　　2. 邀請學生自由發言，如果當父母後悔生育子女時，該子女將會有如何的一生。

　　　3. 歸納學生發言內容，強調生育子女必須有負責的準備。

　　㈡生育子女應面對的責任：

　　　1. 教師將黑板劃分成幾格（以第二項活動的分組數劃分欄位）。

2. 請各組以自由或接力方式到黑板上書寫生育子女應面對的責任有哪些？

3. 教師綜合學生所寫內容重點論述。例如：衛生、營養、健康、教育、經濟、美滿家庭生活、成人穩定的情緒、安全……等。

(三)養育子女的適當時機：

1. 教師引導學生思考並討論一個人什麼時候才有足夠的能力和心力養育子女。

2. 綜合學生討論內容，強調不要成為未成年父母。

三、綜合活動（5分鐘）

生育子女應面對的法律問題：教師舉出兒童及少年福利法相關條文，強調生育子女的法律責任。（參考資料3.、4.）

參考資料：

1. 陳阿梅（2000）。青春的權利——愛他，就不要傷害他。台北：新自然主義。

2. 林淑貞譯（1995）。生命中的戒指與蠟燭。台北：張老師文化。

3. 兒童及少年福利法。http://law.moj.gov.tw/Scripts/Query4B.asp? FullDoc：所有條文& Lcode: D0050001

4. 兒童及少年福利法相關條文：

第 3 條

父母或監護人對兒童及少年應負保護、教養之責任。對於主管機關、目的事業主管機關或兒童及少年福利機構依本法所為之各項措施，應配合及協助。

第 4 條

政府及公私立機構、團體應協助兒童及少年之父母或監護人，維護兒童及少年健康，促進其身心健全發展，對於需要保護、救助、輔導、治療、早期療育、身心障礙重建及其他特殊協助之兒

童及少年，應提供所需服務及措施。

第 30 條

任何人對於兒童及少年不得有下列行為：

一、遺棄。

二、身心虐待。

三、利用兒童及少年從事有害健康等危害性活動或欺騙之行為。

四、利用身心障礙或特殊形體兒童及少年供人參觀。

五、利用兒童及少年行乞。

六、剝奪或妨礙兒童及少年接受國民教育之機會。

七、強迫兒童及少年婚嫁。

八、拐騙、綁架、買賣、質押兒童及少年，或以兒童及少年為擔
　　保之行為。

九、強迫、引誘、容留或媒介兒童及少年為猥褻行為或性交。

一〇、供應兒童及少年刀械、槍礮、彈藥或其他危險物品。

一一、利用兒童及少年拍攝或錄製暴力、猥褻、色情或其他有害
　　　兒童及少年身心發展之出版品、圖畫、錄影帶、錄音帶、
　　　影片、光碟、磁片、電子訊號、遊戲軟體、網際網路或其
　　　他物品。

一二、違反媒體分級辦法，對兒童及少年提供或播送有害其身心
　　　發展之出版品、圖畫、錄影帶、影片、光碟、電子訊號、
　　　網際網路或其他物品。

一三、帶領或誘使兒童及少年進入有礙其身心健康之場所。

一四、其他對兒童及少年或利用兒童及少年犯罪或為不正當之行
　　　為。

第 32 條

父母、監護人或其他實際照顧兒童之人不得使兒童獨處於易發生
危險或傷害之環境；對於六歲以下兒童或需要特別看護之兒童及
少年，不得使其獨處或由不適當之人代為照顧。

生命教育理論與教學方案

父母心・子女情

班級：　　　座號：　　　姓名：

1.請問媽媽第一次懷孕的心情為何？

2.請問父母第一次要當爸爸或媽媽前有何心理準備？

3.請問父母帶孩子最感到辛苦的事情是什麼？

5 | 無聲的吶喊

⏱ 90分鐘

國中階段 ▶**目標** 認識墮胎相關的法律、醫學及心理問題

教學準備：

一、教師預備有關宣導墮胎非法的錄影帶或胎兒成長過程的圖片。

二、教師研讀有關墮胎的醫學報告和法律條文。

教學活動：

一、準備活動（10分鐘）

㈠教師提問：「你認為在什麼情況下，一個懷孕的婦女可以選擇墮胎？」

㈡歸納學生發言內容，教師提出優生保健法相關條文內容，引導學生了解合法的墮胎（優生保健）內容（參考資料5.、8.）。

二、發展活動（60分鐘）

㈠錄影帶觀賞說明：

教師說明錄影帶大概內容（錄影帶以人道觀點涉入，教師說明引導時應注意避免涉入宗教的色彩）。

㈡觀賞錄影帶（片名：《無聲的吶喊》約28分鐘，參考資料2.）。

㈢分組討論（25分鐘）：

1. 教師依學生人數約五人一組，進行影片欣賞心得討論。

2. 參考用討論提綱（參考附錄）。

3. 邀請每組派一名代表上台發表該組討論結果。

三、綜合活動（20 分鐘）

（一）誰是墮胎的受害者？

　　1. 教師根據學生報告內容，強調墮胎對生命的不尊重，讓學生增
　　　 進對墮胎行為的認知。

　　2. 說明墮胎相關法律條文，讓學生了解非優生保健法的規定內
　　　 容，墮胎均視為犯罪的行為，青少年也無權簽署墮胎同意書
　　　 （參考資料 3.、4.、5.、7.、8.）。

　　3. 即使尋求墮胎也可能由不合法的醫生進行，對母體可能造成嚴
　　　 重的後遺症（參考資料 1.、6.、9.）。

（二）留意錄影帶觀賞後不適之反應：

　　課程結束前，教師宜注意學生看完影片後的心理反應，並讓學生
　　了解看這部片子會有一些不舒服感，如果這樣的感覺持續不斷，
　　做噩夢或影響心情，均應告知老師或找輔導人員諮商。

參考資料：

1. 新野博子（2000）。**女性身體醫學**。台北：主婦之友。

2. **無聲的吶喊**（錄影帶）。台北總教區教理推廣組編印。

3. 蔡坤湖（1998）。**青春護照——青少年的第一本法律書**。台北：
　 月旦。

4. 陳阿梅（2000）。**青春的權利——愛他，就不要傷害他**。台北：
　 新自然主義。

5. 林世超（1999）。**現代婦女的法律問題**。台北：書泉。

6. 網市女性電子報：http://forum.yam.org.tw/bongchhi/old.htm

7. 墮胎相關參考條文：

　 ◎刑法

　 第二百八十八條（自行墮胎罪）

　 懷胎婦女服藥或以他法墮胎者，處六月以下有期徒刑、拘役或一
　 百元以下罰金。

懷胎婦女聽從他人墮胎者，亦同。

因疾病或其他防止生命上危險之必要，而犯前二項之罪者，免除其刑。

第二百八十九條（加工墮胎罪）

受懷胎婦女之囑託或得其承諾，而使之墮胎者，處二年以下有期徒刑。

因而致婦女於死者，處六月以上五年以下有期徒刑。致重傷者，處三年以下有期徒刑。

第二百九十二條（公然介紹墮胎罪）

以文字、圖畫或他法，公然介紹墮胎之方法或物品，或公然介紹自己或他人為墮胎之行為者，處一年以下有期徒刑、拘役或科或併科一千元以下罰金。

8. 優生保健法：

第一條

為實施優生保健，提高人口素質，保護母子健康及增進家庭幸福，特制定本法。

本法未規定者，適用其他有關法律之規定。

第九條

懷孕婦女經診斷或證明有左列情事之一者，得依其自願，施行人工流產：

一、本人或其配偶患有礙優生之遺傳性、傳染性疾病或精神疾病者。

二、本人或其配偶之四親等以內之血親患有礙優生之遺傳性疾病者。

三、有醫學上理由，足以認定懷孕或分娩有招致生命危險或危害身體或精神健康者。

四、有醫學上理由，足以認定胎兒有畸形發育之虞者。

五、因被強制性交、誘姦或與依法不得結婚者相姦而受孕者。

六、因懷孕或生產將影響其心理健康或家庭生活者。

未婚之未成年人或禁治產人，依前項規定施行人工流產，應得法定代理人之同意。有配偶者，依前項第六款規定施行人工流產，應得配偶之同意。但配偶生死不明或無意識或精神錯亂者，不在此限。

第一項所定人工流產情事之認定，中央主管機關於必要時，得提經優生保健諮詢委員會研擬後，訂定標準公告之。

9. 墮胎可能造成的後遺症：

墮胎若超過妊娠初期（12 週以前），手術的危險性較大。墮胎手術必須由優生保健指定醫生來進行，要選擇掛有這些標示的醫院，才能夠前去進行墮胎手術。

可能產生的後遺症包括：

(1)引起感染、子宮發炎等。

(2)由於子宮或輸卵管發炎，導致不孕症或子宮外孕。

(3)增加下次懷孕流產或早產的機率。

(4)胎盤一部分殘留，連子宮肌都受損時，出血會增多，時間拖得更長。

(5)可能導致無月經或月經不順。

(6)自律神經失調，會感到焦躁、頭痛、肩膀酸痛等。

(7)嚴重者造成母親死亡。

(8)因墮胎產生罪惡感，影響心理、人際和工作。

附錄：討論參考題綱

1. 看過這部影片我覺得……

2. 我對墮胎和協助墮胎的人的看法是？

3. 墮胎是犯罪行為嗎？為什麼？

6 法眼看生命

國中階段 目標 認識生命與法律的關係

⏰ 45分鐘

🔆 教學準備：

邀請學生自由攜帶出生證明書。

🔆 教學活動：

一、準備活動（5分鐘）

㈠請同學將帶來的出生證明書拿出來彼此交換欣賞。

㈡教師藉機舉出幾位同學的出生證明中記載的資料，像是重量、身高……等，引發同學討論出生證明書的興趣與動機。

二、發展活動（30分鐘）

出生證明與法律的關係：

㈠教師提問學生出生證明有何用處？

㈡將學生分成四至五人小組討論（15分鐘）。

㈢請小組報告討論內容。

㈣教師歸納學生報告重點。

三、綜合活動（10分鐘）

教師綜合法律賦予生命的權利、保障與義務：

㈠出生證明可辦理出生登記，根據兒童福利法第二條規定：兒童出生後十日內，接生人應將出生之相關資料通報戶政及衛生主管機關備查。

㈡出生證明上有父母親資料，表示血緣的關係。

㈢人出生就有身分證號碼，登記後有了戶口，即成了國家的國民，法律上表示此人存在，並且具有各項權利，如施打疫苗、財產、健保、國民教育、兒童福利……等相關權利。

㈣法律賦予生命有保障，保護個人不被侵犯，一旦權利受損，法律會予以追查。

㈤享有各項權利也相對的應盡各項義務，如受國民教育、服兵役、繳稅和守法等。

參考資料：

1. 陳阿梅（2000）。**青春的權利——愛他，就不要傷害他**。台北：新自然主義。

2. 兒童及少年福利法：http://law.moj.gov.tw/Scripts/Query4B.asp?
FullDoc = 所有條文& Lcode = D0050001

7 世界大不同

⏱ 45分鐘

國中階段 ┃目標▶ 學習尊重他人與自己的差異

☀ **教學準備：**

事前準備活動材料：圍兜、白開水、免洗湯匙。

☀ **教學活動：**

一、準備活動（10分鐘）

體驗活動：

㈠兩人一組；準備白開水、湯匙兩支。

㈡互相餵食。

㈢條件限制：(1)餵食者——矇眼。

　　　　　　(2)被餵者——雙手置背後，不能說話。

　　　　　　(3)不可弄濕被餵者。

㈣遊戲規範：(1)細心餵食，不得傷害對方、要善待。

　　　　　　(2)強調安全上的考量。

二、發展活動（30分鐘）

㈠心得分享：（順序不可顛倒）教師請注意重點放在內心的感受。

　1. 被餵者。

　2. 餵食者。

　3. 兩者之間心情的異同。

㈡綜合討論（教師引導全班學生，依下列題綱進行綜合討論）：

　1. 有哪些原因會造成人與人的差異（例如：經濟、種族、文化

……等）。

2. 請學生試著將以上之體驗擴大，觀察身邊其他人和自己的差異
（需求、想法、思考模式、生活習慣、文化背景……），並能
發表出來。

3. 如何去尊重其他與己身不同的人。

4. 如何與不同的人和平相處，並能互相欣賞。

三、綜合活動——教師結論（5分鐘）

㈠尊重每個人的個別差異。

㈡體諒對方，並試著了解對方感受和需要。

參考資料：

劉子倩譯（2001）。乙五洋匡著。**五體不滿足**。台北：圓神。

8 寂寞芳心俱樂部

⏱ 45分鐘

國中階段 ▎▎目標▶ 認知歸屬感對個人的重要與意義

167

第2篇　生命教育教學方案【國民中學】

☀ 教學活動：

一、準備活動（10分鐘）

(一)遊戲：「春天到了百花開」（遊戲簡介：見附錄）。

(二)教師要刻意製造機會，使得同學有落單機會。

　　（依班級人數，排除可整除之公因數，例：班級四十人，就不要有四人一組，或五人、八人……等可整除之排列出現；亦可有另型方式：五人一組整除時，由小組討論後自行排除一人）。

(三)如此玩個五次。

二、發展活動（30分鐘）

(一)「寂寞芳心俱樂部」──落單的感受（大團體討論）（5分鐘）。

　1.請遊戲當中曾經落單的同學發表落單心情。

　2.區分：「被排斥」、「被邀請」當中不同的心情轉換（請被邀請的人、被排斥的人說明自己的心情）。

　3.請一直都在團體中的人說明自己的心情。

(二)小組討論（15分鐘）。

　1.老師此時公佈討論題綱：

　　(1)「人」為何一定要歸屬於「一個團體」？

　　　（老師解釋：此處指的不只是同儕間的「小團體」，例如：交友、友群、班級、社團、學校。）

　　(2)屬於「某一團體」對你的意義為何？（請列舉具體的個人經

驗）

　　(3)如何才能走進人群？（請列舉具體的個人例子）

　　(4)如何與人相處（請舉例說明）。

　2.各小組推選一人上台：報告上述討論內容（每組 3 分鐘）（共
　　10 分鐘）。

三、綜合活動——教師結論（5 分鐘）

　　教師歸納各組報告內容，強調團體對個人的意義與重要性。

附錄：

遊戲「春天到了百花開」

□　　訣：

　　主持人：「春天到了百花開。」

　　眾人答：「什麼花開？」

遊戲規則：

1. 遊戲開始，在音樂聲中，眾人可四散行走，等候主持人發問。

2. 主持人以「口訣」發問：眾人應之：「什麼花開？」

3. 主持人即發出指令：「○○花開」（亦可以發出：○○花＋○○花。如：豆花＋天花＋喇叭花），以主持人說出的字數為遊戲組隊的依據。如例子中有七個字，即七人一組。

4. 眾人聽聞之後，即根據主持人發出之字數，立即組隊，人數對了立刻原地蹲下。落單的人則另外隔開。可連續玩數次，讓落單人數增加。

生命無貴賤

國中階段

⊙ 45分鐘

目標 一、認識不同生命的價值

二、尊重所有與我不同的生命並悅納之

教學準備：

製作生物名牌材料（A4大小的厚紙板：兩角事先打洞、彩色筆、繩子數段）。

教學活動：

一、準備活動：「生命貴賤排行榜」（10分鐘）

㈠全班腦力激盪，由學生自由提出其認為最賤的生物，並說明原因。

㈡將所有學生提出最賤的生物，投票選出前八名。

二、發展活動：「生命代言人」（25分鐘）

㈠教師說明：生物自有其生命價值與意義，如果你是該生物，你會為自己說什麼？（5分鐘）

㈡小組討論（10分鐘）：

1. 全班分成八組，抽籤決定各小組代言的「生物」。

2. 各小組討論自己抽到的生命——找出其生命的價值與意義。

3. 為自己的生物定個主題：代言其生命價值與意義。

4. 推派代表上台發表討論結果，代表並掛上自製之生物名牌（各組報告限時3分鐘）（10分鐘）。

三、綜合活動（１０分鐘）
　　㈠各組均發表完之後，由學生自由發言或由教師隨意抽選幾位同學
　　　發表心得。
　　㈡教師結論。

參考資料：

　　有線電視節目：「探索」、「國家地理雜誌」。

10 走過失落

⏱ 45分鐘

國中階段

▶**目標** 認識少年階段面對失落的反應及因應方式

教學準備：

一、教師事先閱讀有關失落方面的資料，並覺察自己的失落經驗（註 1）。

二、指定學生先行閱讀書籍《想念五月》。

三、準備「哀傷反應量表」、「因應行為量表」。

四、準備《想念五月》書籍。

教學活動：

一、準備活動（10分鐘）

老師說故事——《想念五月》（附錄一）。

二、發展活動（30分鐘）

㈠老師引導全班學生討論：

1. 「夏兒」及「姑爹」在面對「五月姑媽」死亡，很自然出現的情緒及心理反應。

2. 在「五月姑媽」死亡後，「夏兒」及「姑爹」漫長的哀傷過程。

3. 在「五月姑媽」死亡後，「夏兒」及「姑爹」復原的方式及歷程。

㈡回顧學生自身經驗，教師引導學生回想自己從小到現在，是否有所養寵物死亡、或親朋好友過世、或失去所愛的東西的經驗？當

時的感受是什麼？自己是如何去因應？

㈢失落反應檢核：

　1. 檢核自己的失落反應及因應方式（附錄二）。

　2. 教師在全班中引導學生分享自身曾有的失落反應（註2）。

㈣教師綜合說明一般少年階段失落的哀傷反應與階段（附錄三）。

㈤失落因應：

　1. 教師在全班中引導學生分享失落時自己的因應方式。

　2. 教師引導綜合討論：在面臨失落時可採行的因應方式。

三、綜合活動（5分鐘）

　　教師綜合學生分享及討論的內容，說明人生有失落、有殘缺，失落時也會有人性懦弱、害怕、不堅強、想逃、厭惡、煩悶、生氣、痛苦的一面，只要能寬容這不堅強，讓情緒適當宣泄，一定可以慢慢走出陰霾，重獲再生的喜悅。

參考資料：

1. 辛西亞・賴藍特（2002）。**想念五月**。台北：東方。

2. 吳紅鑾譯（2001）。**死亡與喪慟——青少年輔導手冊**。台北：心理。

3. 李開敏等合譯（1995）。**悲傷輔導與悲傷治療**。台北：心理。

4. 吳秀碧（2001）。**國中階段青少年哀傷諮商人員的訓練**。台灣地區國中生生死教育研討會，國立彰化師範大學。

5. 厄爾・希普（2002）。**孩子，讓自己走出傷痛**。台北：海鴿文化。

6. Likert 五點量表——「哀傷反應量表」、「因應行為量表」。

註1.教師在上課之前，除了事先閱讀有關失落方面的資料外，也要能覺察自己的失落經驗，了解自己曾有的失落事件、歷程及情

緒，不要迴避自身經驗，從自身經驗的深刻體會，才能去適當體會及引導學生情緒。

註2.教師在引導學生分享自身之失落經驗及反應時，要提醒學生說可以說及想要說的部分，不要勉強學生說或說太深切的哀傷經驗，而引發太深的情緒反應。教師也應隨時注意班上學生的情緒狀態，若有個別狀況，可隨機處理或下課後找學生再紓解情緒。

附錄一：

《想念五月》故事摘要

　　夏兒在媽媽去世之後，像個流浪兒似地輪流寄住在親戚家，但是這些親戚對她並不好，也沒有打算要長期照顧她；直到她六歲時，歐柏姑爹和五月姑媽收養她，夏兒才真正擁有一個幸福溫暖的家。五月姑媽是個長得高大、充滿愛心，也非常仁慈的人，對夏兒更是呵護備至，讓夏兒感受到充分的愛與溫暖；歐柏姑爹則是個瘦小的藝術家，只知道創作風信雞，他們很貧窮也很老了，但是他們給夏兒很多的愛。

　　但在三個人一起快樂地生活了六年之後，五月姑媽去世了。五月姑媽是這個家的精神支柱，失去了五月姑媽的夏兒和歐柏姑爹非常的傷心難過，夏兒和歐柏姑爹也失去了活下去的力量。特別是歐柏姑爹每天的生活就如行屍走肉般，成天所想的都是五月姑媽，想辦法要如何和她溝通。看到如此消沉的歐柏姑爹，讓夏兒更是傷心，好像歐柏姑爹一點也不在乎她。夏兒覺得她有責任彌補五月姑媽所留下來的空缺，不僅因為她愛姑爹，不忍心看他消沉下去，同時也因為她已失去太多親人，她害怕又失去姑爹，所以，非常努力要填補五月姑媽所留下來的空洞。因為姑爹和五月姑媽非常相愛，他相信五月姑媽的靈魂一直陪伴在他們的身邊，甚至相信藉由靈媒可以和五月姑媽講話。

　　就在此時，他們生活中闖進了一個「不速之客」安克里，他和夏兒是同年紀，個性卻相差很多，他整天不是彙集這個就是彙集那個，而且經常說一些奇怪的話。他甚至還要帶歐柏姑爹去找靈媒，可是夏兒很傷心地發現，安克里對歐柏姑爹的幫助比他還大。

　　就在歐柏姑爹把一切希望寄託在找尋靈媒但卻希望落空，而夏兒也在一次遇見貓頭鷹後，勾起了思念姑媽的情緒，並徹底崩潰，將強壓的痛苦完全宣洩出來，他們才真正克服憂傷，從失去親人的悲痛中站起來，重新面對往後的日子。

附錄二：

個人失落反應檢核表 劉慈倫 彙編

姓名：＿＿＿＿＿＿＿＿＿＿

※發生失落事件後，你有注意到自己有哪些生理和心理或行為上的反應嗎？請將曾發生的反應勾選出來。

一、身體方面

☐疲倦　　☐失眠　　☐缺乏活力　☐體重下降　☐飲食不正常

☐呼吸困難　☐胸悶　☐神經過敏　☐胃不舒服　☐容易口乾舌燥

☐其他＿＿＿＿＿＿＿＿＿＿＿＿＿＿＿＿＿

二、心情方面

☐思念　　☐憤怒　　☐焦慮　　☐難過　　☐冷漠　　☐無助

☐煩躁　　☐孤獨　　☐困惑　　☐否認　　☐逃避

☐覺得生氣　　☐感到內疚　　☐失去自信　　☐驚嚇害怕

☐失去信任　　☐感覺遲鈍　　☐壓抑情緒　　☐隱藏情緒

☐無法感覺安全　　☐覺得憂傷沮喪　　☐覺得是一種解脫

☐悶悶不樂有些憂鬱　　☐無法享受任何事

☐感到麻木沒什麼反應　☐其他＿＿＿＿＿＿＿＿＿＿

三、行為方面

☐打架　　☐做噩夢　　☐想自殺　　☐孤立自己　　☐暴力行為

☐行為退化　　☐睹物傷情　　☐學業低落　　☐靜不下來

☐常心不在焉　☐裝作不在乎　☐注意力不集中　☐保留紀念物品

☐不談論失落事件　☐常常不由自主哭泣　☐否認哀傷及失落事件

☐逃避特定場所或環境　　☐在特定的日子做儀式化的行為

☐過度活動或做些以前未曾做過的事　☐不准別人碰觸有關的東西

☐到以前和他（她）常去的地方憑弔　☐與朋友或家人關係惡化

☐要求保持原來的生活模式及內容　☐其他＿＿＿＿＿＿＿＿＿

附錄三：

青少年的悲傷反應

摘錄自 http://www.sjsmit.edu.tw/counseling/grief/index.htm

- 青少年遭遇到死亡或失落時，一般的反應大致有：震驚、否認、憤怒、攻擊性行為、罪惡感、好鬥、退縮、尋求注意、對社交活動失去興趣、注意力不集中、缺乏情感、難過、對異性的興趣減低、無力感、反抗家庭學校、開玩笑等（Dudley, 1995）。

- Munro 及 Wellington（1993）認為若是以時間來劃分，可以分為：
  1. 立即的反應：包括做噩夢、恐懼、缺乏安全感、退縮、難過、固執、抑鬱、焦慮及困惑。
  2. 中期的反應：事件發生後數個月至一年，有壓力、學業低落、心情及人格轉變、沮喪、恐懼、破壞性行為、消極。
  3. 後期的反應：一年後仍可能沮喪、社交、情緒或心理適應不良、發展遲滯、自殺妄想、其他破壞行為、藥物及酒精濫用、學業退步。

- 青少年的悲傷反應受到不同文化背景及人格特質的影響，其表現方式則十分多元。可能在同一時間表現出上述的某幾項行為，有些人則只表現出特定的某一類行為，有些則可能沒有表現出任何悲傷徵兆（Dudley, 1995）。有些少年會退縮自閉，有些變得更有攻擊性或毀滅性，有些轉移注意力在功課表現上，有些則無法專心於課業（Lamers, 1986）。

- 青少年的哀傷反應並無固定的模式，取而代之的是各種不同型態的經驗（Medvene, 1991）。因此，我們不能只憑行為反應來判斷青少年的悲傷狀態，而是了解他對於此一失落事件的經驗描述。

- 青少年很容易出現延遲悲傷的情形。Wolfelt（1990）認為青少年因為在意他人的看法，傾向壓抑自己的悲傷情緒，加以周遭若是

不願意談論死者，以為可以避免觸及悲傷的痛處時，反而讓青少年覺得自己是孤單的、被遺棄的、找不到人訴說、不被了解，使得他們更傾向於選擇以壓抑、逃避的方式，掩蓋自身極端害怕與悲傷的心理，造成負面的思想，導致自我傷害或攻擊的傾向（李佩怡，1995）。處於延遲悲傷狀態的青少年，會有如下的行為反應：

1. 長期的沮喪症狀、睡眠困擾、無法休息、低自尊。

2. 學業的失敗或普遍對學校活動相當冷漠。

3. 與朋友或家人關係的惡化，通常會導致在成年期與他人建立親密關係產生困難。

4. 過度活躍或踰矩的行為，如：嗑藥、酗酒、打架等不適度的冒險行為，氾濫的性行為。

5. 否認自己有任何與哀傷有關的問題。

6. 長期的焦慮、無法休息和無法專心。

• 有時青少年會試著隱藏他們內在受傷及痛苦的感受，來表示自己已經長大、獨立、堅強、有足夠的能力及自我信賴，因此會拒絕接受他人的支持，以證明自己的控制力，或避免被同儕視為不正常及異類（Cook & Dworkin, 1992）。也因此，若是學校、家人與周遭環境未加關心與注意，低估青少年悲傷需求的話，使得青少年哀傷困境更為困難，就會成為「隱形哀傷者」。形成的原因有三：

1. 傳統上，死亡是成人世界的事，一方面由於傳統上舉行喪禮的對象僅適用於成人，兒童或青少年的死亡被視為「夭折」，不但沒有喪禮還被禁止談論，視為忌諱；另方面處理死亡事件是成人的事，青少年不會也不被允許參與。

2. 青少年通常的求助對象是同儕，然而受限於同理能力的欠缺，在表達悲傷時，同儕卻未必能發揮支持，反而因為不知如何反應而加以拒絕、嘲笑，使得青少年認為表現出內心的傷痛是軟

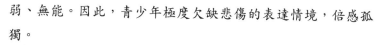

弱、無能。因此，青少年極度欠缺悲傷的表達情境，倍感孤獨。

3. 社會對於死亡，關注的是死者家屬這一類與死者有著社會認同關係者的悲傷。然而，青少年的同儕關係卻非常親密，面對同儕或教師的死亡，一般人卻不預期青少年會對同儕悲傷，使得青少年落入被剝奪悲傷的處境（吳秀碧，1998）。

● 在遭遇到重大的失落或死亡後，亦有些青少年會感到無助與害怕，會有退化至兒童期被保護的狀態，尋求父母的照顧、安慰及建議，免於死亡及其後果（Rando, 1984; Wessel, 1984）。

● 青少年時期未解決的悲傷，將導致強烈的沮喪、慢性疾病、持久及激烈的臨床反應，如罪惡感、人際關係、工作與學業以及自尊的嚴重損害，使得青少年在重要親友死亡後，容易形成生理及情緒方面的問題（Balk et al., 1993）。Valente（1986）認為，青少年無法適當地悲傷的話，會有較高的意外發生與自殺傾向。

11 生與死

⏱ 135 分鐘

目標 學習由生活層面正向看待死亡與生命的關係

☀ 教學準備：

一、教師事先閱讀及蒐集相關書籍與錄影帶供學生參考。

二、利用聯課活動時間，讓學生觀看影帶：《生死一瞬間》（約 100 分鐘）。

三、作業：看完影帶後填寫活動單，並指定於下次上課時帶來（附錄一）。

☀ 教學活動：

一、準備活動（15 分鐘）

根據活動單，老師引導學生討論：

㈠電影中人物在面對死亡時的情緒，及如何珍惜剩餘時光？

㈡為何一個人在生命快結束時才想要去完成這些事件？

㈢透過這部影片，個人生命的意義是什麼？

二、發展活動（25 分鐘）

生命計畫表：

㈠學生自填「生命計畫表」活動單（附錄二）。

㈡分組討論：

1. 假如我還有六個月的生命，我最想完成的五件事是什麼？為什麼？

2. 假如我還有三個月的生命，我最想完成的四件事是什麼？為什

麼？

3. 假如我還有一個月的生命，我最想完成的三件事是什麼？為什麼？

4. 假如我還有一週的生命，我最想完成的二件事是什麼？為什麼？

㈢回到全班分享。

㈣教師歸納大部分同學想完成的事及原因。

三、綜合活動（5 分鐘）

㈠教師鼓勵學生：即使面臨生命幽谷，仍然可以勇敢地面對，並綻放出生命的火花。

㈡教師介紹書籍（如參考資料）給同學閱讀。

參考資料：

1. 電影：**生死一瞬間**（*The Last Best Year*）。

2. 馬提（2002）。**心靈之歌的旅程**。台北：格林文化。

3. 邱恬琳（2002）。**破碎臉・天使心**。台北：傳神。

4. 吳乃鈞（2002）。**無懼生命中的困阨**。台北：台灣廣廈出版集團。

5. Michael Schophaus（2002）。**樹在天堂等著你**。台北：希代。

6. 宋芳綺（2000）。**活著真好——輪椅巨人祁六新**。台北：天下遠見。

7. 宋芳綺（2002）。**活出自信——分享祁六新 12 則生命寫真**。台北：天下遠見。

8. 楊玉欣（2000）。**罕見天使——玉欣的故事**。台北：正中。

9. Schiring Borgner（2002）。**我想活到 100 歲**。台北：新苗文化。

10. 張文亮（2002）。**星空下飛翔的教授——翁景民的最後 197 天**。台北：時報。

11. 冉亮（2001）。**愛是永不止息**。台北：圓神。

附錄一：

觀賞電影《生死一瞬間》的心得

電影名稱	
男主角	
女主角	
印象最深刻的是	
我的心得與感想	

附錄二：

我的生命計畫表

假如我還有…… 的生命	我最想做的事是
假如我還有 六個月的生命	1. 2. 3. 4. 5.
假如我還有 三個月的生命	1. 2. 3. 4.
假如我還有 一個月的生命	1. 2. 3.
假如我還有 一週的生命	1. 2. 3.

12 面對喪禮

國中階段

⏱ 45分鐘

目標 學習應對喪禮的態度與行為

教學準備：

一、教師事先閱讀有關喪禮方面的資料。

二、教師從電視、報紙、雜誌蒐集和喪禮有關的資料及新聞。

三、同學自行蒐集經驗中或印象中，曾參加過的喪禮或聽父母長輩說過喪禮中的過程，及應注意的行為及態度。

四、教師製作喪禮中適宜行為的海報或 OHP 片或 Powerpoint（參見附錄）。

五、準備投影機或電腦。

六、準備繪本《我永遠愛你》。

教學活動：

一、準備活動（15分鐘）

㈠教師呈現繪本《我永遠愛你》並唸故事。

㈡老師引導學生討論：

　　1. 他們是如何安葬「阿雅」的？

　　2. 他們在安葬「阿雅」時的態度如何？

　　3. 他們為什麼要這樣做？

　　4. 聽完故事後的心得。

二、發展活動（27分鐘）

㈠教師引導學生回到自身經驗，引導學生回想自己從小到現在所聽

到、或參與、或經驗過、或知道有關喪禮儀式行為及應有態度的資訊，並邀請學生分享。

㈡教師揭示所蒐集到的有關喪禮的資料海報或 OHP 片或 Power-point。

㈢教師在全班中引導學生討論這些行為及應有態度所含的意義。

㈣教師指導學生學習喪禮中應有的適宜行為（如附錄）。

三、綜合活動（3分鐘）

　　教師綜合學生分享及討論的內容，再次說明喪禮的意義及面對喪禮的注意事項，期待學生面對喪禮能有合宜的行為表現，也算是對喪家的尊重。

參考資料：

趙映雲譯（2000）。漢斯‧威爾罕著。**我永遠愛你**。台北：上誼文化。

附錄：

喪禮中適宜的行為

情　　況	適　當　行　為
等候的時候	安靜等待或慰問家屬
穿著	樸素、大方、少裝飾品
態度	莊重、肅穆
可以說什麼	「請節哀」、「請保重」、「有沒有什麼需要幫忙，可以直接告訴我」、「有沒有什麼我可以幫忙的？」……
可以做什麼	安靜等待或慰問家屬或陪伴家屬
重點	以莊嚴肅穆的心參與告別式 不可嬉笑怒罵或到處與人大聲寒暄

高級中學階段
生命教育教學方案

188

生命教育 理論與教學方案

目次表

1 養兒是為了防老嗎?

🕐 50分鐘

高中階段 ▌▌目標▶ 探討個人對於生育子女的價值觀,及其對養育子女的影響

☀ 教學準備:

指定每位同學訪問三位有孩子的成人,了解他們生兒育女的目的為何?

☀ 教學活動:

一、準備活動（10分鐘）

㊀教師以生活例子引發學生討論生育子女不同的價值觀。例如:中國人養兒防老的觀念;不婚族只要小孩不要婚姻的觀念;同性戀者認養小孩;有人為生活販賣子女……等例。

㊁引導學生討論例中人物養育子女的想法與目的為何?

二、發展活動（35分鐘）

㊀生育子女價值觀澄清:

1. 教師請學生一一提出先行作業訪問結果,將之編號書寫於黑板上,並統計每一種價值觀的人數有多少。

2. 請學生就黑板上列出的價值觀,再思考有否需要增加不同的內容。

3. 價值觀完整列出後,請學生按照自己的想法選出五項予以排序,一窺個人價值觀。

4. 將學生分成三人一組,共同分享自己排序後的價值觀內容。

㈡價值觀如何影響子女教養：

　　1. 教師就黑板上列出的價值觀一一提問，每一種價值觀會如何影響教養方式？而子女的想法會是如何？如不婚族家庭的小孩一出生即為單親……等例。

　　2. 邀請學生自由發言。

　　3. 教師歸納學生發言內容。

三、綜合活動（5分鐘）

㈠教師綜合：個人可以有不同價值觀，不同的價值觀會對子女產生不同的對待方式，而子女的想法可能會和父母不同。

㈡強調要尊重子女生活發展的意願與權利。

參考資料：

1. 陳阿梅（2000）。**青春的權利——愛他，就不要傷害他**。台北：新自然主義。

2. 林淑貞譯（1995）。**生命中的戒指與蠟燭**。台北：張老師文化。

2 胎兒生存權 v.s 子宮自主權

⏱ 100 分鐘

高中階段 ▌目標 由法律、倫理及文化層面認識並探討胎兒的生存權

教學準備：

請學生先行上網閱讀有關胎兒生存權文章、資料等（參考資料 1.、3.）。

教學活動：

一、準備活動（10 分鐘）

㈠教師提問未婚懷孕的少女，將可能面臨什麼內在衝突，如墮胎卻又感到對生命不尊重的內疚等。

㈡歸納學生發言內容，教師提出女人的子宮有自主權，但是胎兒有生存權，孰輕孰重？值得辦一場辯論。

二、發展活動（80 分鐘）

㈠教師依照學生贊成子宮自主權或胎兒生存權，將學生分成兩邊，令其自由討論，再派出三名辯士，展開辯論。

㈡胎兒生存權 v.s.子宮自主權（舉辦辯論會）。

　1. 由兩組學生代表商訂辯論程序與規定。

　2. 選舉主持人及講評同學。

　3. 展開辯論。

　4. 同學講評。

　5. 教師講評辯論結果。

三、綜合活動（10分鐘）

（一）說明胎兒生存權應優於子宮自主權，民法對胎兒生存權的相關條文規定（參考資料2.、3.）。

（二）引申教導學生在性行為方面保護自己健康即是保護胎兒生存權。

參考資料：

1. RU486 與女人的選擇。http://www.chinatimes.org.tw/news/1998/19981226_01.htm。

2. 林世超（1999）。**現代婦女的法律問題**。台北：書泉。

3. 胎兒權利能力相關條文

　◎民法

　第六條（權利能力之始期與終期）

　人之權利能力，始於出生，終於死亡。

　第七條（胎兒之保護）

　胎兒以將來非死產者為限，關於其個人利益之保護，視為既已出生。

3 | 生命歸鄉

⏱ 50 分鐘

高中階段 ▮▮目標▶ 探討處理遺體的意義，增進對生命價值與意義的體認

🔆 教學準備：

教師事先閱讀相關的文章、書籍（參考資料 1.、2.、3.）。

🔆 教學活動：

一、準備活動（15 分鐘）

㈠請學生腦力激盪，舉出人類死後有哪些方式處理自己的軀體。

㈡教師歸納學生發言，列出火葬供奉骨灰、土葬於墓園、天葬、海葬、器官捐贈、大體捐贈、冷凍起來避免「死亡」……等方式。

二、發展活動（30 分鐘）

不同生命處置方式的價值與意義：

㈠教師提問學生上述各種死後處置方式的價值與意義為何？

㈡將學生分成三至四人小組討論，盡可能每組分配不同的生命處置方式令其討論（15 分鐘）。

㈢請小組報告討論內容。

㈣教師歸納幾項重點：

　1. 不同的生命處置方式，對不同的民族及信仰有其特殊的意義。
　　如入土為安、身體髮膚受之父母的儒家觀、天葬……等。

　2. 不同生命的處置方式都是對死者的尊敬與懷念。

　3. 選擇大體捐贈和器官捐贈是為其他生命做出奉獻，若因而救人

一命，更具意義與價值（告知學生器官捐贈網站，讓有興趣的
同學自行查閱，參考資料 1.）。

三、綜合活動（5 分鐘）

　　請學生回家填寫「我身歸何處」作業單，另行繳交任課教師（參見
附錄）。

參考資料：

1. 器官捐贈網站。http://www.info.gov.hk/healthzone/Fact%20Sheet%
20Index/OD_IndexC.htm。
2. 洪瑜堅譯（1997）。**與孩子談死亡**。台北：遠流。
3. 魏德驥等譯（1997）。**解構死亡——死亡、自殺、安樂死與死刑
的剖析**。台北：桂冠。

☀ **附錄：**

我 身 歸 何 處

_____年_____班_____號　姓名_____

請思考一下今天上課的內容，回答下列問題：

一、人生前有否權利決定自己死後處置身體的方式？為什麼？

二、如果是我要決定自己死後身體處置的方式，我會選擇哪一種？為什麼？

三、整體來說，今天這堂課我學到什麼？

4 當真愛來敲門

⏱ 50分鐘

高中階段 ▮目標➤ 學習區辨真愛與情慾的差異

🔆 教學準備：

一、「性、愛十九迷思」問卷（附錄一）──事先填寫（寫完由學生自行批改，送交教師）。

二、教師事先閱讀相關資料（見參考資料 1.、2.，及附錄）。

🔆 教學活動：

一、準備活動（5分鐘）

引起動機：教師舉出一個情境，例如：情人節、友人歡聚喝了酒、生日會……之後可能會有的情況，例如：可能情不自禁而發生了性行為……等等。

二、發展活動（35分鐘）

㈠小組討論──討論題綱（分組）（15分鐘）：

　　1.什麼是「愛」？什麼是「慾」？

　　2.如何分辨「愛情」？「友情」？「激情」？

　　3.如何區辨「真愛」？「迷戀」？「痴愛」？

　　4.何種情境易使人失去判斷力，而陷入「情慾」的狀況？為什麼？

㈡綜合討論（20分鐘）：

預先要求各組推派代表，小組討論之後上台代表報告：小組討論結果（每組限3分鐘）。

三、綜合活動（10分鐘）

　　㈠各組報告完畢之後，鼓勵個人上台發表看法。

　　㈡教師摘要學生上台報告內容及觀點。

參考資料：

1. 2002 伯伊與葛羅兩性學園。http://www.young.gov.tw-BOY&GIRL-drlove.html（國民健康局　青少年網站）。

2. 晏涵文（1989）。**生命與心理的結合**。台北：張老師。

生命教育
理論與教學方案

附錄一：

「性、愛的迷思」問卷

壽旭霞 編寫

	「性、愛的迷思」問卷	答案格	
		是	否
1	戀愛就是時時刻刻想著對方/守著對方。		
2	唯有浪漫的愛情，才能造就美好的婚姻生活。		
3	當對方寄送仰慕信或是邀請我看電影時，表示對方已經愛上我了。		
4	要有婚前性行為，才知道彼此適不適合。		
5	婚前性行為，可以讓我們有機會增進性技巧。		
6	「分手」這件事表示：「我」是有問題的，因此對方才會「不要我」。		
7	談戀愛是：只許成功，不許失敗。		
8	男女朋友就是應該事事同進同出，看法、態度一致，才對。		
9	相愛的人，都應該對彼此瞭若指掌。		
10	因為志同道合，我倆才能成為戀人。		
11	愛我的人，一定是能滿足我的需求和要求的人。		
12	相愛時，兩個戀人應把所有的焦點、時間都放在對方身上，同學朋友家人都比較不重要。		
13	有了性關係，我們的愛情會更穩固。		
14	沒有人追求，就表示自己缺乏吸引力。		
15	藉著戀愛，我可以改造對方成為理想的另一半。		
16	理想的戀人，通常也一定是好的性伴侶；兩者都是要能讓對方快樂。		
17	既然成為戀人，就可以在對方面前盡情發洩情緒。		
18	愛我就要百分百的信任／相信我；愛他就要百分百的信任／相信他。		
19	同時和許多人交往，才不怕被拋棄。		
20	「結婚」是最幸福的戀愛結局。		
班級：	姓名：	統計總分	得分	是	否

附錄二：

「喜歡」與「愛情」量表　壽旭霞 編寫

題號	一、「喜歡」量表	是的打勾
1	我認為他（她）是幽默、聰明，充滿機智的。	
2	他（她）是我認得的人中，很討人喜歡的。	
3	他（她）就是值得我學習的那種人。	
4	他（她）容易贏得別人好感。	
5	我覺得自己和他（她）有許多相似之處。	
6	在我看來，他（她）比別人顯得成熟。	
7	和他（她）在一起時，好像兩人都有相同的心情。	
8	我覺得他（她）是群體中，很容易讓別人尊敬的那一個。	
9	我認為他（她）非常好。	
10	如有機會，我非常願意推薦他（她）去做為人尊重的事情。	
11	我對他（她）一直都有高度的信心。	
12	只要和他（她）相處過的人，大部分都有好的印象。	
13	我願意在班上或其他團體中支持他，而且做任何事都投他（她）一票。	
班級：　　　　姓名：	得分共計（打勾者）	

題號	二、「愛情」量表	是的打勾
1	當他（她）情緒低落的時候，我覺得讓他（她）快樂起來是我的職責。	
2	無論任何事件上，我都可以信賴他（她）。	
3	忽略他（她）的過失，是很容易的事情。	
4	他（她）若要求我，所有的事情我都願意去做。	
5	我有一種想要佔有他（她）的想法。	
6	只是想到不能和他（她）在一起，我就覺得無法忍受。	
7	孤單寂寞時，我首先想的就是去找他（她）。	
8	在這世上我最關心的就是他（她）幸不幸福。	
9	他（她）不管做什麼，我都願意寬恕他（她）	
10	他（她）的幸福是我的責任。	
11	和他（她）在一起時，什麼事都不用做，只是用眼睛看著對方就能讓我快樂。	
12	若是自己也能讓他（她）百分百的信賴，我會覺得十分快樂。	
13	若是世上沒有他（她），我覺得難以活下去。	
班級：　　　　姓名：	得分共計（打勾者）	

5 想婚想昏

高中階段 | 目標 | 探討結婚的意義與要素

⏰ 50分鐘

教學準備：

一、教師閱讀相關資料，並以海報紙製作「成家的重要條件表」，每一項都預留八等級的劃記欄。

二、課前學生準備辯論活動：讓學生自己選擇對於「有情人終成眷屬」贊成與反對的組別各半。各組並需要任務分組，分成資料查詢、辯論代表、辯論後援會（辯論進行中可以使用字條支援辯論代表）。

教學活動：

一、準備活動：引起動機（5分鐘）

教師引言：

㈠中文造字時，「家」這個字，由上面的「穴」和下面的「豚」所組成。豬不但象徵財富，也象徵生得多。因此，有人認為，古早的中國，在農牧時代，「家庭」是社會上很重要的經濟活動單位。過去女性既不識字，力氣又不如男性，謀生的能力較低，因此，找一張長期飯票很重要，成為女性結婚的主要原因。對男性而言，則有三種意義：其一，傳宗接代生育子女很重要，所以成家主要為了生小孩；其二，過去中國以農立國，家族的田需要密集勞力，小孩不但要生得多，而且要生壯丁，所以有多子多孫是福氣的文化。其三，要繼承家業最好先討個老婆，表示個人必須收心告別「童年」，做個有責任的成人，而且有老婆管家務，男人才好放心去打拚。因此，古人有「成家立業」的文化。

（二）現代有人戲稱「家」是「枷」鎖的「枷」，讓人失去自由的地方。所以，有人選擇當不婚族，只要同居，或只要生小孩就好。當然，還有一種人雖然選擇結婚，卻同時選擇當不生小孩的「頂客族」，認為這樣既可合法享受性愛，或互相為伴，人生比較有安全感，又沒有小孩的羈絆，比較自由。

（三）還有，自古以來傳頌「有情人終成眷屬」，我們不但在婚禮時以此祝福新人，自己也很嚮往。

二、發展活動（35 分鐘）

（一）班級團體討論（10 分鐘）。

教師提問：

1. 究竟「家」是提供我們個人一個什麼樣的地方？

2. 建構出那樣的家需要些什麼條件？

（二）辯論會（25 分鐘）：題目「有情人是否都需要終成眷屬？」

三、結束活動（10 分鐘）

（一）學生填寫「成家的重要條件」（見附錄）。

（二）統計全班的作答結果（若時間不足，可以回收學生作業，次週公告統計結果）。

參考資料：

1. 蔡文輝（2000）。**婚姻與家庭：家庭社會學**。台北：五南。

2. http://www.nhu.edu.tw/~society/e-j/33/33-12.htm

3. http://www.ttcs.org.tw/church/24.1/10.htm

4. http://www.gse.ncue.edu.tw/write_right.htm

5. http://www.health.gov.tw/Hbook.asp? DiscussID=93&DiscussName= 兩性教育‧青少年保健手冊

附錄：「成家的重要條件」

成家的重要條件

作答說明：請依照你個人認為要結婚時，兩人必須具備條件的重要性，將下列各項條件重新排序。

（　　）1. 必須有感情

（　　）2. 有處理人際衝突的能力與溝通技術

（　　）3. 具備生活壓力處理能力

（　　）4. 彼此被對方家人接納

（　　）5. 已經有專職穩定的工作

（　　）6. 知道也接納對方缺點

（　　）7. 能有效管理自己的情緒

（　　）8. 價值觀相近

（　　）9. 身心健康

（　　）10. 彼此可以接納對方家人

6 有志一同

⊙ 50 分鐘

高中階段 **┃目標**▶ 培養對人群關懷的態度與實踐的能力

教學準備：

一、教師事先閱讀有關各種報章雜誌上與志工、慈善團體、公益團體
……等有關報導。

二、找一位願意到班上分享的「志工人」來報告其志工經驗。

教學活動：

一、準備活動：引起動機（10分鐘）

「志工是怎樣出現的」——教師由以下提示來引起動機。

㈠請教師先以提問方式讓學生思考：現代生活和古代生活有何差
異？帶入下一個提示。

㈡古早生活中的家族支持系統在現代生活中多已不存在，所以，現
代家庭面臨突發事件或困難時，有新的支持系統來介入並給予適
度的協助，例如：古早時候，家中的人若有心事可找家族的人傾
訴，現在的人則因為大家庭的瓦解，面臨危難時往往求助無門。
（「張老師」、生命線、家扶中心……等）助人團體的應運而
生，即是此一時代之產物（其他社會服務或公益團體，如：孤、
老、殘、病——都各有不同的公益團體來支持服務，國內相當著
名的宗教團體、公益團體可由教師自行列舉）。

㈢另外，古代居所往往是家族群聚，無論是清掃或維護都是家族自
行安排與負責，不須勞動外人；但是現代生活中人與人的居住地
域看似親近，但人與人界線分明，人際反而疏離，使得「個人自

掃門前雪」的心態為之更甚，因此生活環境往往出現三不管地帶，而影響了我們的生活品質，因此環保（掃街、淨山、淨攤、認養公園……）及公共建設（如嘉義行善團）的志工也應運出現了。

㈣「志工」是現代生活的產物，當政府、行政部門力有未逮時，志工與公益團體的及時援手，適時彌補了這部分的不足，對整個社會和被助者都是很重要的。

二、發展活動（35 分鐘）

㈠志工經驗分享：教師事先邀請一位有志工經驗的社會人士，來到班上與同學分享其志工經驗（15 分鐘）。

㈡教師讓同學自由發問，訪問邀請來的志工來賓（10 分鐘）。

（教師引導同學關注焦點在：服務的精神、對象、自我成長、……如何可以讓學生仿效的部分。）

㈢教師引導學生思考與討論：擔任志工對於個人生命或人生的意義如何？如何讓自己也能成為服務的志工？可能會遇到的困難是什麼？可以克服的方法有哪些？日常生活能做到嗎？（10 分鐘）

三、結束活動（5 分鐘）

㈠教師引導學生思考：如何實踐志工服務的精神？

㈡教師指定作業：完成志工作業服務單（作業單：「我的志工服務」）。

㈢收回作業單（兩週後），教師整理後，貼在教室公佈欄讓學生互相觀摩。

附錄：

我的志工服務──紀錄單

姓　　名		服務地點	
時　　間		服務對象	
地　　點		見 證 人	

服務內容（簡述）	
這次服務對我的意義	

7 | 一個動物守護者的故事

⏱ 100 分鐘

高中階段 ‖目標 ‖ 學習尊重與保護不同生命的生存權

✼ 教學準備：

一、教師事先發下〈認識珍古德〉一文；要求學生課前預讀（見附錄）。

二、教師事前先閱讀參考資料（參考資料 1.、2.、3.、4.、5.）。

✼ 教學活動：

一、準備活動（10 分鐘）

教師簡單引言：說明珍古德其人其事（參考資料 1.、2.、3.；附錄一、二）。

二、發展活動（55 分鐘）

㈠小組討論（25 分鐘）：

1. 全班分成若干組（約 5～6 人）。

2. 討論題綱（各組分別討論不同的題綱）：

(1)珍做了什麼——她對生命的熱愛，和一般人有何不同？

(2)珍和黑猩猩的故事對我的影響。

(3)人類對其他生物所做的事，你的看法如何？

(4)當人類的經濟權與動物的生存權衝突時，你會如何抉擇？

（如：人類嗜吃魚翅、熊掌、熊膽、伯勞鳥、蛇膽；寵物遺棄、把野生動物當寵物、外來種的生態影響……等）

(5)除了珍貴動物，在你的生活中，最常感受到動物生命和生存

相關的事件有哪些？

㈡各組推派代表，上台做小組心得分享，限時五分鐘（30 分鐘）。
（老師可適時給予指引，將討論拉近生活層面。）

三、綜合活動（延伸的討論）（35 分鐘）

㈠思考：如何做才是真正對其他生命的尊重？

㈡當面臨抉擇時（兩難情境如：人類需求和動物生存權），哪些情境會造成你的衝突，將如何抉擇？

㈢教師結論：教師提供《我的野生朋友》一書，說明人類是可以和其他生命共存共榮的。

參考資料：

1. 關於珍古德——http://m2.is.net.tw/~box123/page212.htm

2. 珍古德——http://eeweb.gcc.ntu.edu.tw/life/lifeimage/hand/ethics/jgoodall.htm

3. 國際珍古德協會——http://www.gsn.org/project/jgi/index.html

4. 黃天源譯（2002）。**我的野生朋友**。台北：圓神。

5. 中華民國荒野保護協會——http://www.sow.org.tw/

附錄一：

〈認識珍古德〉網址：http://www.goodall.org.tw/jane/index.html
（請自行上該網站，蒐尋相關資料）

☀ 附錄二：

珍 古 德

　　珍古德（Jane Goodall），1934年4月生於英國，自幼即熱中研究動物行為。1957年，珍古德來到東非的坦尚尼亞，追隨著名人類學家李基博士（Louis Leakey）進行野生黑猩猩研究計畫。1960年，她來到現在的岡貝（Gombe）國家公園，開始了長期的研究計畫。她最重要的成就是發現黑猩猩會製作並使用工具，這種行為過去被認定為是人類與動物的區別所在。

　　1977年，珍古德於美國創立國際珍古德協會（The Jane Goodall Institute, JGI），致力於野生動植物的研究保育以及保育教育之推廣，不但關心黑猩猩的相關研究、復育工作及其他動物的福祉，並從事環境和人道主義的教育推廣。協會希望讓世人更加了解黑猩猩，並尊重地球上的一切生物。珍古德深信，年輕的一代是未來的希望。基於這個理念，1991年她在坦尚尼亞開始推動一項青少年教育計畫——「根與芽計畫」（The Roots and Shoots Program），目的在於鼓勵青少年關懷環境、動植物與社區，並採取行動改善問題。推行至今，全世界已有五十多個國家的許多學校和社區團體加入「根與芽計畫」。

　　珍古德博士在1971年出版了第一本暢銷著作——《人類幽影下》（*In The Shadow of Man*），以較理想化的角度來描寫黑猩猩的行為。1990年出版的《過窗》（*Through a Window*）則指出，狩獵、謀殺、戰爭，甚至殘忍地吃食同類，這都是牠們生活的一部分。今年她出版了第一本兒童繪本創作《小白醫生》（*Dr. White*），描寫人與動物之間濃郁真摯的情感。

8 我看成年禮

⏱ 100 分鐘

高中階段 ▎▎目標▶ 增進個人生命的價值感和責任感

☀ 教學準備：

一、教師研讀成年禮的相關資料。

二、教師和學生準備成年禮的活動。

☀ 教學活動：

一、準備活動（50 分鐘）

㈠教師說明成年禮的意義，及成年禮的儀式過程。

㈡教師說明如何準備成年禮，包括：選擇精緻並具有象徵意義的信物、邀請觀禮人及祝禱詞的撰寫等。

㈢教師強調成年禮場地佈置的重要，氣氛應肅穆。

㈣進行成年禮（若學校已有舉辦成年禮的儀式，以上皆可省略）。

二、發展活動（30 分鐘）

㈠成年禮結束後，教師將學生每五人分為一組，引導學生進行小組討論（15 分鐘）。

※討論提綱：

1. 在參加成年禮後，你對成年禮儀式中，印象最深刻的經驗是什麼？

2. 這個經驗對自己的意義是什麼？

3. 在這次成年禮中，你學到了什麼？

㈡各組派同學上台報告。

㈢教師邀請學生自由分享。

三、綜合活動（20 分鐘）

㈠教師補充介紹各種文化也有成年禮（參考附錄二）。

㈡教師歸納總結：經過成年禮代表各位邁入成人階段，表示各位正式成為大人，也代表各位同學必須肩負起更多責任。

附錄一：

摘自網路資料：

http://www.shgsh.tpc.edu.tw/DSP4/%A6%A8%A6~%C2%A7.htm

聖心女中學生成年禮

歡喜跨越成年門踏上生命另一程
——聖心女中為高三學生舉辦溫馨的成年禮

在二十一世紀第一個母親節前夕，五月十一日這一天，對天主教聖心女中近兩百名高三同學而言，可以說是永生難忘的大日子。因為學校特別為她們舉行了一個深具意義且非常隆重的「成年禮」。

十八歲，在許多國家都被視為成年的開始。自古至今，許多國家都曾經為年輕的男女舉行各式各樣的「成年禮」。傳說澳洲某一地區的「成年禮」是要通過「彈跳」測試。而在中國，我們的古禮「冠禮」，是一直延續到宋代的，宋代之後的「成年禮」才漸漸加入了一些西方的色彩。

「成年禮」的意義是：通過這一個隆重儀式後的人，才會被認定為成年人，同時，上一代的長輩也趁此機會向下一代宣告，從此必須建立社會責任感，為自己的行為舉止負責。因此，「成年禮」在一個人的生命週期中，可算是一個相當關鍵的啟蒙點。

聖心女中「成年禮」進行的時間大約從下午一點半到三點四十分，整個禮儀的主要程序有：行成年禮者跨成年門進入禮堂、主禮人及上賓率領全體行成年禮者上香祭祖、主禮人讀祝告詞、飲成年酒、傳承、行感恩禮、致感恩卡等。禮儀中的主禮人是林沛英校長，今年邀請的上賓是在聖心創辦「聖心成年禮」的陳宗樑校長。

聖心女中設計這個儀式中的各項程序都有其特殊意義，例如：跨越

鮮花綴飾的成年門，象徵這些花樣年華的孩子們，即將跨入生命的另一個里程；向中華民族列祖列宗神位上香祭祖，是要孩子們體認：成年了，要飲水思源，也要了解每個人對我們整個中華民族的存續，以及人類文化的發展，都有一份責任；讀祝告詞（這一篇祝告詞是依《儀禮‧士冠禮》中的醮詞所擬作的）主要是給予所有行成年禮者一些重要的提醒：

今月吉日，咸加爾服

（這是一個美好而吉祥的日子，為你們加上了整齊清潔的成年服裝）；

棄爾幼志，順爾成德

（希望你們從此收起貪玩的童心，表現出成年人應有的品格涵養）。

敬爾咸儀，淑慎毋愆

（今後必須注意自己的儀表容態，要小心謹慎好好做人，不可犯錯）。

壽考唯祺，介爾景福

（要珍惜自己的生命一直到老，為未來的人生開創最大的幸福）。

而飲成年酒，要提醒這群孩子：成年了，可以喝酒了，這代表了成年之後，要能夠明辨是非，懂得拒絕誘惑，也更懂得守法的重要，以及在各方面都更懂得有所節制。

禮儀中，有隆重的古禮，有來賓、家長、師長們的殷切叮嚀與祝福，有同學們發自內心的感恩與歌聲，整個「成年禮」在古雅隆重之中，充滿了溫馨感人的氣氛，許多家長都頻頻拭淚。也許，在這一刻，為人父母者，除了有「吾家有女初長成」的歡喜之外，內心又多了一份「孩子即將高飛」的愁緒吧！

成年禮儀式程序

1. 天主教聖心女子高級中學學生成年典禮，典禮開始

2. 奏樂（國樂）

3. 行成年禮者跨成年門、就位（由禮生帶領進場）

4. 主禮人就位

5. 上賓就位

6. 點燭、燃香（禮賓生）

7. 上香、祭祖（主禮人及上賓持香，率行成年禮者向列祖列宗神位
   行三鞠躬禮）

   （台上設中華民族列祖列宗之神位）

8. 讀祝告詞（主禮者）

9. 飲成年酒（請神父祝聖成年酒）

   領酒

   主禮人、上賓及台上貴賓率同行成年禮者一同啜酒

   服務禮生接回酒杯

10. 傳承（由家長為行成年禮者佩戴胸章，將禮物傳贈受禮者）

11. 上賓致賀詞

12. 家長及來賓致賀詞

13. 愛的禮讚：奉獻

14. 致感恩詞

15. 行感恩禮（學生向台上、左、右側來賓、師長、家長行鞠躬禮）

16. 獻感恩卡及愛的花朵

17. 校長的話

18. 降福（請神父為家長、行成年禮者及所有來賓、師生行降福禮、
    撒聖水）

19. 禮成

附錄二：

網路資料：http://www.nerch.gov.tw/~ming/dadult.htm

(1)何謂成年禮？源起於何時？

成年禮是一種過渡儀式，也就是說，我們在生命的過程中會有許多關卡：從出生、成年、結婚，一直到最後的喪葬，我們都會舉行一個盛大的儀式來慶祝所謂「過關」的這個儀式。

「成年」在台語稱為「轉大人」，在台灣的成年禮俗中也稱為「做十六歲」或「出花園」，因為在十六歲之前，我們一直接受七星娘娘還有床母的保護，一直到「做十六歲」時才算是成人，所以台灣所謂的「成年禮」其實是十六歲。那麼在中國古代遠從周朝開始，也有「男子二十而冠，女子十五而笄」（意思說，古時候的男子到二十歲、女子到十五歲為成年，要舉行一定的紀念儀式，男的稱「加冠」，女的稱「加笄」。加冠儀式一般是由長輩為成年男子梳髮，改變髮型，然後戴上新帽；加笄則為女子挽髮為髻，然後插上笄釵）的說法，所以在中國古代從周朝開始，男子在二十歲，女子在十五歲的時候就算成年。而現在台灣的法律應該是說滿十八歲是成年，所以所謂的「成年禮」，在不同的時代及不同的地區都有不同的定義。

(2)幾歲的人參加？儀式內容？

「成年禮」是在青少年朋友滿十六歲那一年的七夕要做所謂的「成年禮」。在台灣做「成年禮」的儀式是在七夕當天，我們要準備一些牲禮、麻油雞、油飯，以及胭脂水粉來祭拜兒童的守護神——七星娘娘、床母，感謝祂十六年來的照顧，因為現在已經成年了，所以在七夕這一天感謝二位神明。之後要燒七星娘娘亭，它是一個用紙糊成亭子的形狀，通常是由父母各執一邊，讓滿十六歲要做成年禮的小孩從中間穿越，所以叫做「鑽七星娘娘

亭」。像在台南地區，要在台南的開隆宮從七星娘娘的供桌底下穿過，就稱為「鑽七星娘娘桌」，然後從桌子底下鑽出來，就完成成年禮的儀式。所以在台灣是滿十六歲，而且在七夕時所做的。但現在有些地方政府選在三月二十九日青年節時舉行「成年禮」儀式，而且參加者為滿十八歲的青少年，其實與傳統民間禮俗不符。

(3)「成年禮」只有在國內有嗎？其他民族有否類似活動？

其實「成年禮」不是只有在國內有，每一個民族都有類似成年禮的活動，例如台灣的原住民中，泰雅族的青少年必須參加獵取人頭的行動後，才有資格紋面，然後才算是成年，這也算是泰雅族的成年禮。另外，其他原住民族群，還有要進入「少年會所」經過一年的訓練後，才算成年。其他的民族也有所謂紋身、染齒（將門牙染黑）、將門牙敲掉或舉行「割禮」的儀式等，通過這些習俗才算是成年。所以，在不同族群都有所謂不同的成年禮。

(4)成年禮在社會上的意義？重要性？

成年禮在台灣民間都辦得很盛大，為什麼要辦得很盛大？主要原因是：

因為它有「宣示」作用：也就是公告周知「吾家有女初長成」，我家的女兒已經成年了，有興趣的男方可參考看看（以免女兒都長到十六歲成年了，也沒人注意到）！

對男子而言，也是主動對外公告，我家的志明已經長大成年，要出外找工作了！要擔負起養家活口的責任了！所以請左右鄰舍、親戚朋友幫忙找個好工作、好對象！

對孩子而言，也是一種佈達的作用，藉由成年禮的舉行告訴孩子：你已經成年了，你應該要學習擔負起家計，幫助家裡，因為你已經是大人了。

所以，成年禮的舉行不管是對孩子或對整個社會而言，都是相當有意義而且重要的一個關卡。

原住民文化的成年禮

通常布農族的男孩或女孩長到十五、六歲時，要拔掉兩顆門牙，並教導他們對待人要有成人的禮節。經過這成年禮後，男孩要會狩獵，女孩要會織布，不能再貪玩了。

阿美族的成年禮流傳已久，仍然遵照古禮，故能保持傳統的特質。參加成年禮的青少年必須集中在部落中的會所，進行長達兩星期的膽識、機警、耐力、戰技、禮節、狩獵等生活技能考驗。

卑南族男性在少年與青年時期的教育訓練制度非常嚴密。分前後兩段，前期為少年受訓時期，必須進入少年會所訓練；後期是進入青年會所服役時期，為期三至五年不等。經過這階段後即退入後備期，此後才被准許結婚。女子沒有此類組織訓練期，僅由服飾與名稱顯示。

男子有三次成年禮儀，第一次進入少年會所是猴祭，主要是讓新入會的少年持槍刺籠中的猴子。第二次進入青年會所是大獵祭，是大規模的團體狩獵活動，並舉行新入會員的換腰裙及賽跑活動。第三次為退役儀禮，也是在大獵祭儀中舉行。

少年會所加入儀禮：(1)徵集祭穀；(2)出獵；(3)殺猴祭；(4)禳祓；(5)舞蹈；(6)出獵。

青年入級儀禮：(1)祭日會議；(2)鳥占；(3)除穢、祈豐收；(4)換新裙；(5)驅除惡靈；(6)海岸競走。

現在卑南族仍有猴祭，但在意義上已和從前有所不同。

泰雅族男子若出草得到人頭或獵到鹿、羌、山豬，就具有刺青的資格，表示已是成年男子。女子則須擅於紡紗、織布，才可在面部刺青。也有女孩子月經來潮，就被認為長大成人，而在額頭上刺青。女子結婚後再在面頰兩邊刺青。

但現在年輕的泰雅人已不再有人以此來表示成年了。

賽夏族的成年儀禮與祭軍神一併舉行。以前，祭軍神常用敵首，參加祭儀的青年都要飲祭敵首之酒，因此取得成年資格。但現在已無此儀禮。

布農族成長禮在新年後三天舉行。要升入青年級的人在會所集合，一邊唱敵首歌，一邊持酒瓢向敵首灑酒做祭。這一天，全社女子禁止到屋外。儀式完了後，軍事領袖會告知青年應負的責任及規則。之後，青年們便開始執行警衛部落的工作。

鄒族成年禮是在軍神敵首祭終了後，老人輩集於會所，青年輩則在會所前廣場集合。要升入青年級的少年則排列在會所入口，然後走上會所，由老人持杖擊打臀後，並大聲教誨：「你們今後已成人，不得再貪玩，要遵守祖先遺俗，勇敢勤勞，不得怠惰！」然後至各氏族家繞一周後，到頭目家門口，由頭目手持大酒杯，各人逐次飲酒少許後歸家，更換青年應穿戴的冠服後，再入會所廣場參加舞蹈。

魯凱族只有大南群發展出年齡階級制度。十一歲以上的少年須接受嚴格考驗。

儀式是先禁食五天，再選擇一天舉行示膽會，成功者才能成為正式一員。到了青年期，還必須跨越一個儀式才成為成年人。入級者須在會所內由長老用毒草抽打全身，寓意為藉此打去以往所有的不良品行和不潔的身體，並接受長老的教誨。這些青年的家中都須釀酒，並為青年準備全套嶄新服飾，齊集會所前，為晉級者慶賀。

排灣族無嚴格的年齡分級，但有個別的成年禮儀。當男子十六、七歲時，由父親帶往出獵。出發前殺豬、釀酒，做祭祀。在房屋牆柱上掛滿茅草，以除惡靈。令該青年禁居屋內四日，不飲食。至第三日，父帶其出獵。至山林中，先用豬骨、豬皮為祭品，祈求豐獲。若獵得山豬或鹿為佳，如無所獲，則採樹枝而歸，作為象徵物。歸來後請巫師來家做禳祓祭。

現已無此種成年禮儀。

雅美族並沒舉行任何正式的成年儀式。主要是以體格發育來判定成年與否。通常男子到十八、九歲，女子到十六、七歲，便都稱為成年。少男只擔任簡易的工作，青年以後，男子即參加父兄的船組，學習乘上大船到海上捕魚，擔任吃重與集體性的工作；女子則開始學習家事、紡

織。

阿美族成年禮的舉行都與豐年祭同時舉行，豐年祭是阿美族重要的宗教節日，其目的顯然是以一個新的世代與既入級之成年人間之整合。

將要參加成年禮的青少年，之前他們常會秘密組織起來進行訓練，奮發練習跑步、摔角、跳舞等。所以到了正式成年禮時，他們都已訓練有素。南部阿美族少年舉行成年禮時，都必須在海濱搭起帳棚住宿兩晚，參加海岸的捕魚競賽。捕魚競賽結束後，各自歸社，有其姊妹或女友出迎，贈以新衣飾，帶羽冠，飲宴歌舞，歡欣慶賀，持續數日方休。現在阿美族的豐年祭中，仍可見到摔角、跑步和跳舞等活動。

十六歲的成年禮

農曆七月七日在台南市開隆宮有一隆重且具意義的慶典，俗稱「做十六歲」，已有百餘年的歷史了。此習俗的由來，相傳在本市西區（即今長樂街一帶）有五小港，分由五大姓的碼頭工人各據一港。居民大都以搬運船貨為生計，生活困苦，甚至連未成年的小孩也須幫助大人搬運船貨，賺取微薄工資補貼家計。所以，家長們都很期望兒子滿十六歲，便可領成人之工資。因此，每當家裡有兒子滿十六歲時，便舉行成年典禮，除了宴請親朋好友，另外亦準備七大碗麻油雞酒或糯米油飯等，到廟裡祭拜七娘媽及其部屬「鳥母」，而延續成「做十六歲」的習俗。

七娘媽屬本省民間信仰三大生命之神，是兒童的守護神。「七娘媽亭」為一紙糊的紙亭，高約五尺，造形為三層樓閣，分別為蓬萊宮、百子亭、七媽殿，屋為歇山頂，脊翹垂花，龍鳳盤柱，手藝精巧，為專門供奉祭祀七娘媽之用。

照府城人說法，男人一生中有「三節」，即出生後週歲、七夕做十六歲成人及結婚。「做十六歲」代表男孩可以離開七星媽、鳥母或床母天神襁褓自生，有脫胎換骨、長大成人之意，所以於七夕七娘媽生日當天，以五牲四果、紅龜粿、帶尾的甘蔗、紅雞冠花、圓仔花、鳳仙花、香粉、金鍊、麻油雞、床母衣及麵線等祭品，並由兩位家長帶著滿十六

歲的子女，先從廟內神案桌下穿過，代表「鳥母宮」長大成人。然後至廟前，由家長拿著祭祀後的七娘媽亭，男孩由外走入，女孩由內走出，並各繞三圈。最後再將七娘媽亭與金紙和紙衣置入火爐中焚化，經過這儀式，便被認定為成年了。

其他相關網站：

http://www.nhu.edu.tw/~artist/growth89.htm

http://www.jhes.km.edu.tw/imformation/國民禮儀範例/chap03.htm

9 前世、今生、來世

⏱ 50分鐘

高中階段 ▌目標▶ 體認個人現階段的生命意義

☀ 教學準備：

一、請學生擇一閱讀：

　　㈠《前世今生》

　　㈡《生命輪迴》

二、教師研讀前世、今生、來世各方面資料。

☀ 教學活動：

一、準備活動（20分鐘）

　　㈠分組討論《前世今生》及《生命輪迴》讀後心得。

　　　教師將學生分組，五人一組，進行小組分享（10分鐘）。

　　㈡邀請各組派一名同學綜合報告該組學員的心得。

　　㈢教師歸納各組的報告。

二、發展活動（20分鐘）

　　㈠教師提問：「你們相信有前世、來世的說法嗎？為什麼？」

　　㈡邀請學生自由發表個人的看法。

　　㈢教師再提問：「相信或不相信前世、來世的觀念，對你看待今生
　　　生命的意義有什麼影響？」

　　㈣邀請學生自由發表個人的看法。

三、綜合活動（10分鐘）

　　㈠教師綜合歸納每位同學發言的觀點。

　　㈡教師說明：不同宗教對於前世、來世各有不同的觀點，但最重要的共同點都反映對現階段，也就是對於今生要用心地經營。

參考資料：

1. 布萊恩・魏斯（Brian L. Weiss）著。黃漢耀譯（1994）。**生命輪迴：超越時空的前世療法**。台北：張老師。

2. 布萊恩・魏斯（Brian L. Weiss）著。譚智華譯（1992）。**前世今生：生命輪迴的前世療法**。台北：張老師。

3. 楊憲東著（2001）。**大破譯**。台北：宇河。

10 自助與助人——克服失落

高中階段

⏱ 50分鐘

目標 ▶ 學習失落後如何照顧自己與他人

☼ 教學準備：

一、教師事先蒐集有關求助單位的資料，並製作資料單（附錄二）。

二、教師製作「悲傷是非大考驗」（附錄一）。

☼ 教學活動：

一、準備活動（15分鐘）（註）

（一）讓學生閉眼、調整姿勢、深呼吸，讓身體感覺舒適及放鬆。

（二）教師用輕柔語調引導學生冥想：

「此刻，穿越時空隧道，回到過去的生活中，想想看你曾有的失落經驗，也許是失去你的寵物，也許是失去你所愛的東西，也許是失去你的親人……我想，那時你的感受一定很不好，你是怎麼度過的？失落後你曾有的自助經驗是什麼？當你失落時最想要的幫助是什麼？他人曾給你的協助是什麼？現在想來，當你失落時你可以找誰幫忙？再想想看，你是否也曾在別人面臨失落時給予協助？你是怎麼做的？」

（三）讓學生靜待片刻（教師隨機觀察學生的情緒反應），教師再引導學生：「好，也許你有很多感受，想了很多，慢慢地讓你自己再深呼吸一次，不論是什麼經驗，慢慢地向過去揮手說再見，讓自己再走出時光隧道，回到現在。如果你已經準備好了，你可以慢慢將眼睛張開。」

（四）邀請學生分享。

二、發展活動（27分鐘）

（一）教師綜合歸納：

1. 當一個人失落時最需要的是——

2. 當一個人失落時可行的自助方式是——

3. 當別人失落時可以協助他的是——

4. 當一個人失落時可尋求協助的管道有——

（二）學生填寫「悲傷是非大考驗」問卷。

（三）教師說明在自助及助人過程中所應注意的事項。

——助人要有耐心，隨時保持聯絡或只要陪在身邊，用最真的關懷來分擔傷痛，即使一語不發默默陪在一旁都可以，也可以長出一雙大耳朵，和一副熱心腸來傾聽反覆的訴苦，等待平復之後，再陪伴他們去回想生命中曾有的美好。

——自己是可以允許自己有悲傷的權利的。

三、綜合活動（8分鐘）

（一）教師綜合學生分享及討論的內容，再次說明當一個人面臨失落時是可以尋求協助的。

（二）教師發求助機構資料給學生，讓學生知道有更多可尋求協助的管道。

註：教師在引導學生分享自身之失落經驗及反應時，要提醒學生說可以說及想要說的部分，教師也應隨時注意班上學生的情緒狀態；若有個別狀況，可隨機處理或下課後找學生再紓解情緒。

附錄一：

悲傷是非大考驗

（　）1. 失落後，男生的悲傷時間比女生短。

（　）2. 失落後，專注於學業可以忘記悲傷。

（　）3. 當別人面對失落時，要讓他獨處不要去打擾他。

（　）4. 曾經歷人生重大失落後，以後沒有什麼問題可以打敗他。

（　）5. 時間是癒合悲傷最好的方法，悲傷會隨時間而淡去。

（　）6. 強烈的悲傷反應就是對死者的愛的表現。

（　）7. 悲傷輔導只要協助喪親者抒發情緒就可以了。

（　）8. 所有的人都可以用同樣的方式度過悲傷。

（　）9. 我必須堅強，難過只會愈陷愈深，且於事無補。

（　）10. 只要不哭，盡快忘掉，悲傷就會過去，不再出現。

（　）11. 在節日時最好不要想起逝去的親人，免得自己更悲傷。

（　）12. 失落後，我不可以隨便對逝者發脾氣，那是不尊重逝者。

（　）13. 我可以靠自己度過悲傷。

（　）14. 小孩子不懂事，沒有什麼悲傷的情緒。

（　）15. 失落後，我不可找人談，別人會不耐煩。

（　）16. 失落後，我要表現得忙碌振作，我的家人及朋友才不會擔心。

（　）17. 當別人失落後，我要一直想辦法說話給他聽，或跟他說話引他
　　　　分心。

（　）18. 向朋友述說自己的傷心，會影響朋友情緒。

（　）19. 失落後，痛苦只能自己承擔，沒有人可以幫你。

（　）20. 當別人有失落後，要一直鼓勵他往好處想，不要只想傷心處。

參考資料：

參考侯南隆講義 http://home.kimo.com.tw/hnlung/chapter 01. htm 悲傷諮商
　　理論與實務第一章「悲傷的迷思」，擇 20 題自編。

附錄二：

可尋求協助的管道

（教師依各校所在地自行加上電話號碼）

1. 行政院各區心理衛生服務中心
2. 財團法人張老師基金會——6180 專線
3. 生命線協會——9595 專線
4. 各學校輔導室
5. 台灣省中等學校各區心理衛生諮詢服務中心

11 藝術與死亡

高中階段

⏱ 100 分鐘

目標 協助學生了解人類面對死亡的情緒可以昇華為創作的動力

教學準備：

一、教師蒐集國內外和死亡有關的文學、音樂、藝術、繪畫、舞蹈、卡通、電影……等創作的作品，及少數民族的舞蹈慶典祭祀、文化習俗及廟宇建築和慶典儀式祭品等相關資料。

二、教師準備 B4 紙張及彩色筆、CD、錄放音機。

三、學生也分組蒐集國內外和死亡有關的文學、音樂、藝術、繪畫、舞蹈、卡通、電影……等創作的作品，及少數民族的舞蹈慶典祭祀、文化習俗及廟宇建築和慶典儀式祭品等相關資料。

教學活動：

一、準備活動：死亡的畫像（15 分鐘）

㊀教師先在教室佈置圖片、畫作、文學書籍、輕聲播放音樂。

㊁先讓學生繪畫死亡印象——「我覺得死亡是……」。

㊂分組分享。

㊃回全班中，教師引導學生分享死亡印象。

二、發展活動：死亡藝術之旅（82 分鐘）

㊀學生分組報告所蒐集的資料（分音樂、文學、繪畫、舞蹈、卡通、電影、藝術七組報告）。

㊁教師播放原住民祭祀舞蹈錄影帶讓學生欣賞。

㈢教師提供廟宇建築文物及祭祀習俗的圖片等讓學生欣賞。

㈣綜合以上內容，教師引導學生思考：「人類原始對死亡的恐懼及不安全感，昇華之後成為藝術創作。」

㈤教師播放馬提的詩歌創作讓學生聆聽。

㈥邀請同學分享聆聽的心得。

㈦教師引導同學觀賞國內、外的死亡藝術創作者的生命作品——

    1. 幾米的畫及繪本

    2. 傅偉勳的書

    3.《翁景民的最後 197 天》書

    4. 邱俊瑋的畫作

    5. 楊玉欣的書籍、CD、廣播帶

    6. 周大觀的書、畫作

    這些平凡的生命創作家，在面臨死亡的情緒之下，不畏懼死亡，能將情緒昇華為創作的動力，用不同的形式呈現，這些作品令人觀之更有感覺之處。

㈧教師邀請學生分享觀賞這些創作之後個人的感受、心得。

㈨比較自己先前的畫畫，教師引導學生思考，面對死亡的不同態度。

三、綜合活動（3 分鐘）

教師綜合學生分享及討論的內容，再次說明死亡雖可怕，但卻可以透過一些不同的形式來調整自己面對死亡的態度。

參考資料：

1. 馬提（2002）。心靈之歌的旅程。台北：格林文化。

2. 楊玉欣（2000）。罕見天使——玉欣的故事。台北：正中。

3. 張文亮（2002）。星空下飛翔的教授——翁景民的最後 197 天。台北：時報。

4. 傅偉勳（1998）。**生命的學問**。台北：生智。

5. 傅偉勳（1993）。**生命的尊嚴與死亡的尊嚴**。台北：正中。

6. 幾米網站：www.jimmyspa.com（查 a.〈我與我的「小人」〉及 b.〈生命「大發」的意義〉兩篇文章）

7. 幾米（1998）。**微笑的魚**。台北：星月書房。

8. 幾米（1998）。**森林裡的秘密**。台北：星月書房。

9. 幾米（1999）。**聽幾米唱歌**。台北：格林文化。

10. 幾米（1999）。**向左走，向右走**。台北：格林文化。

11. 幾米（1999）。**月亮忘記了**。台北：格林文化。

12. 幾米（2000）。**森林唱遊**。台北：格林文化。

13. 幾米（2000）。**我的心中每天開出一朵花**。台北：大塊文化。

14. 幾米（2001）。**地下鐵**。台北：大塊文化。

15. 幾米（2001）。**照相本子**。台北：大塊文化。

16. 幾米（2002）。**1.2.3.木頭人**。台北：大塊文化。

17. 幾米（2002）。**布瓜的世界**。台北：大塊文化。

18. 幾米（2002）。**我只能為你畫一張小卡**。台北：格林文化。

19. 行政院原住民委員會網站

    http://www.apc.gov.tw/04_nine/intro.acp

    有關原住民的祭典儀式資料

12 我的傳記

高中階段　▶目標　尋找自己的人生意義，建構自己的人生觀

⏱ 50 分鐘

教學準備：

一、設計「我的人生導師」和「我的傳記」學習單（附錄一、二）。

二、指定學生先行作業：完成「我的人生導師」學習單（附錄一）。

教學活動：

一、準備活動（5 分鐘）

㈠教師分享成長歷程中自己人生導師的小故事。

㈡教師分享人生導師對自己人生的影響和意義。

二、發展活動（40 分鐘）

㈠我的人生導師。

　　1. 教師將學生三至四人分為一組，自由分享「我的人生導師」學習單的內容（10 分鐘）。

　　2. 邀請學生自由分享。

㈡我寫我的傳記。

　　1. 教師發下「我的傳記」的學習單（附錄二）。

　　2. 引導學生去思考，如果今天你要為自己寫一本傳記，你會如何去寫這本傳記的內容或大綱呢？

　　3. 請學生寫在「我的傳記」學習單上。

　　4. 邀請學生自由分享。

三、綜合活動（5分鐘）

　　㈠教師指導學生將「我的傳記」學習單張貼在教室佈告欄上，張貼

　　　　一星期。

　　㈡鼓勵學生去看其他同學的傳記，並進而省思自己的部分。

附錄一：

我的人生導師

※請你想一想你的人生導師是誰？並盡可能去蒐集他的人生故事！

人生導師的名字及基本資料

他的人生觀

他是如何經營他的人生

他令你印象最深刻的人生小故事

他的人生故事影響你哪些想法

附錄二

我的傳記

※請你為自己的每一個人生階段寫下你的生命故事……

我的出生……
我的童年……
我的求學……
我的 20 歲……
我的 30 歲……
我的 40 歲……
我的 50 歲……
我的老年……

大學院校階段
生命教育教學方案

234

生命教育——理論與教學方案

目次表

大學院校生命教育教學方案

對大學院校授課教師的參考性建議：

一、第一週第一節上課教師必須做課程說明和讓學生進行相互認識活動
（如果有不同班學生選課）：

　　㈠課程說明項目：課程的性質、學習總目標、學習內容、學習方
　　　式、評鑑方法（沒有紙筆考試，主要由課前指定的查閱資料努力
　　　程度，課堂上的參與和貢獻、指定的家庭作業、期末學習心得報
　　　告）。

　　㈡認識活動：發給學生每人 B5 一張，橫式置放，在上半張寫上自
　　　己姓名，下半張寫上自己的幸運號碼與喜歡的寵物。全班學生離
　　　座去尋找幸運號碼或寵物相似的同學，略做半分鐘自我介紹，並
　　　請對方在紙上簽名，形成兩人一起去找另一組，略做半分鐘自我
　　　介紹。形成四人一組一起去找另一組個同學。形成八人一組，便
　　　圍成一圈，坐下來盡量相互認識，直到教師喊停（本活動僅供參
　　　考）。

二、一學期選十四個單元教學便足夠。以下四個單元時間不足時不用實
　　施：

　　第六單元「生存權利㈡──動物的生存權利」。

　　第九單元「另類的永生──器官捐贈」。

　　第十一單元「無人豁免的老化」。

　　第十二單元「保健自強」。

三、第八單元「生死與藝術創作」和第十三單元「人生最後的告別」，
　　由於需要較多課前準備時間，因此，教師可根據學校活動的狀況
　　（如期中考試），調整單元實施時間的前後順序。第四單元「死亡
　　的權利㈡──安樂死、安寧療護與安寧死」實施時間為兩百分鐘，
　　亦可以簡化實施步驟為一百分鐘的教學，詳見內文。

四、第一週必須交代學生，每人自備學習檔案夾一個，第二週起至期末，每週上課須帶來，作為存放各種學習資料與作業用。並於期末彙整成為個人學習檔案，連同期末報告繳回，作為評鑑資料。

五、為節約寫板書時間，分組討論題目可事前印妥，以備分發各組討論使用。班級大團體討論時，題目若三個以內教師可以逐一帶領討論，若三個以上可以考慮製作投影片或 powerpoint 投影在銀幕，讓學生可以選擇感興趣的題目先開始討論。

六、需要上網路查詢資料或如「生死與藝術創作」這一單元，比較需要花時間蒐集資料，可在學期初提醒學生提早準備。

七、課程設計包含多次小組討論與分組查詢網路資料，教師可以在第一週第一節先請學生分為六至八人一小組，並選出小組長及記錄員。組長負責協調與協助該組資料查詢工作，或上課有同一組人討論時，協助帶領討論及控制時間。若須將小組討論結果向班級團體報告，則由記錄員負責將討論結果記下，交由代表報告。

八、由於死亡有時是禁忌的話題，易引發學生個人未完了的哀傷情緒，上課中，教師宜隨時敏察學生的反應，俾便妥切處理。若有個別輔導的學生，教師未能提供哀傷輔導時，宜轉介適當的輔導單位。

九、教師須注意與尊重不同信念與宗教的學生。教學時應保持開放的態度，不應該宣揚特定宗教教義與強迫學生接受特定信念與信仰，以免造成師生或學生人際衝突，甚至造成學生個人精神層面的衝突。

十、請將授課單元目錄隨同教學計畫大綱印發給學生，以便知道一個學期的學習單元名稱。

1 現代人面對生與死的態度

⏱ 100 分鐘

大學階段 ▌▌目標 ▶ 一、探討現代人面對生命的主張，抱持的死亡
態度，及其影響因素

二、察覺與澄清個人面對死亡與生命的主張與
態度

三、了解面對死亡與面對生命的態度之間的關
係

☼ 教學準備：

一、備妥「面對死亡之主張」問卷，學生每人一張。

二、指定學生課前作業：請學生找三至五位未修此門課的同學或其他的
人士談論：「這學期我選修了生死學課程，你對於生命與死亡的看
法如何？請給我一些意見？」

三、請學生從以上與他人的談話內容中，整理出他們面對生命與死亡的
態度如何（欣賞、接納、關心、好奇、恐懼、焦慮、逃避……）？

四、教師若自己未曾使用過「面對死亡之主張」問卷，可於上課前找
一、兩位友人，一起填寫並討論問卷，先行經驗及體驗感受。

☼ 教學活動：

一、準備活動

㈠小組討論：應用 3.6 討論法。首先是 3 人一組，每人 2 分鐘介紹
個人姓名與談論自己修課動機；再來是合併兩組成為 6 人小組，
每人 1.5 分鐘進行如前活動（應用 3.6 法打破生疏感，以利分享，
因時間較短，不必做很深入的分享）。

㈡六人小組各派代表一人發表討論結果。

㈢教師綜合學生修課動機，如有需要，教師應再向學生澄清或補充本課程的學習目標。

二、發展活動

㈠探討現代人面對生命與死亡的態度（參考資料 1.、2.）。

1. 教師解說（以下主題，除第二項必選之外，其餘可自行擇項講解）：

(1)生命起源的論說。

(2)農業社會至工商社會人們對於生命與死亡態度的改變（參考資料 1.）。

(3)現代醫療對於現代人面對生命與死亡事件的影響。

(4)醫學與法律對死亡定義的改變及其意義。

2. 學生在小組中綜合及討論個人課前作業的結果，回到班級團體由各組代表板書各組的討論結果。

3. 班級團體討論，討論題目：

(1)綜合及前面討論結果的資料，是否能完全代表現代人面對生命與死亡的態度？或是還有哪些？

(2)影響現代人面對生命與死亡態度的形成因素是什麼（如社會文化、年齡、教育程度、宗教信仰、個人面對死亡之經驗、性別……等）？

(3)這些態度如何影響一個人的生活與人生？

㈡覺察個人面對死亡的主張。

1. 分組討論：

(1)教師發下「面對死亡之主張」問卷（附錄一），並請學生填寫（說明：可以複選）。

(2)分組分享問卷填寫的內容及感受，教師巡迴各組指導學生討論。

2. 班級團體討論：

(1)教師就全班選答「面對死亡之主張」問卷的結果，統計填答狀況（使學生了解班級團體中死亡主張的個別差異）。

(2)教師徵求學生意見或分享：選擇某一題做進一步的討論（包括：

　　a. 請數名學生分享他們的選擇，並說明選擇的理由。

　　b. 對某一選項進行更具體、深入的討論，例如：「安靜而有尊嚴的死亡」是何種方式？發生在什麼地方？幾歲的時候？有誰在場？是指心理層面的安靜與尊嚴或其他？

(三)探討死亡與生命的關聯：

　1. 教師說明：教師舉出德雷莎修女、無名氏或書本《最後十四堂星期二的課》、《凝視死亡之心》，作者在面對即將來臨的死亡時，對於「死亡」的看法（附錄二）。

　2. 班級團體討論：

　　(1)「以上四個人對死亡的看法，是將死亡視為何種象徵？（回家自由？自然的，存在於生命之中的？分離？……）」

　　(2)「你最贊同以上哪一種對死亡的看法？或是你另有何看法？」

　　(3)「就你所擁有的死亡觀，假設你目前僅餘半年的生命，你會如何安排你的生活？對死亡的看法如何導致不同的生活安排？」

　　(4)「你認為死亡的意義是什麼？面對死亡與面對生命態度有何關聯？」

　　(5)「對你個人而言，面對生命與死亡的適宜態度是什麼？」

三、綜合活動

(一)統整本單元之學習重點。

(二)教師結論：生死是一體的兩面，從死看生，更增加對生命的了解。學習面對死亡，將學會面對生命。

參考資料：

1. 呂應鐘（2001）。生命起源探討與生命的意義（第3章）。**現代生死學**，pp.143-154。台北：新文京開發。

2. 林綺雲主編（2000）。**生死學**（第9、12章）。台北：紅葉。

3. 小田晉著（2000）。**生與死的深層心理**。台北：方智。

4. Mitch Albom 原著（1998）。**最後14堂星期二的課**。台北：大塊文化。

5. 案本英夫（1997）。**凝視死亡之心**。台北：東大圖書。

網路資源：

http://life.ascc.net

http://lifespan.ncue.edu.tw

附錄一：

面對死亡之主張

一、死亡對您而言，是什麼意義？

- [ ] 1. 生命歷程的終結
- [ ] 2. 死後另一生命的開始；一種轉變，一種新的開始
- [ ] 3. 一種無止境的長眠、休息和安息
- [ ] 4. 生命的終止，但是精神的永存
- [ ] 5. 不知道
- [ ] 6. 其他

二、若您可以選擇，您喜歡如何死法？

- [ ] 1. 安靜而有尊嚴的死亡
- [ ] 2. 在獲得一項大成就後死亡
- [ ] 3. 在執勤（工作）中死亡
- [ ] 4. 突發性的，但非暴力死亡
- [ ] 5. 悲劇性的、突發的暴力死亡
- [ ] 6. 被殺成為受害者
- [ ] 7. 自殺
- [ ] 8. 沒有一種「適當」的死亡方法
- [ ] 9. 其他

三、若您能選擇，您喜歡什麼時候死亡？

- [ ] 1. 年輕時候
- [ ] 2. 中年的時候
- [ ] 3. 盛年剛過的時候
- [ ] 4. 老年的時候
- [ ] 5. 不想死

四、為誰或為何事，您願意犧牲您的生命？

　　□ 1. 為所愛的人

　　□ 2. 為一種理想或道德的原則

　　□ 3. 在戰鬥中或為救人一命的莊嚴情境

　　□ 4. 沒有任何理由

五、在面對您個人的死亡方面，什麼是令您感到最厭惡的事？

　　□ 1. 我無法再有任何體驗

　　□ 2. 我無法再照顧依賴我的人

　　□ 3. 我害怕死後我的軀體會有什麼變化

　　□ 4. 我所有的計畫和打算都將結束

　　□ 5. 如果有死後的世界，我不知道我會怎樣

　　□ 6. 將造成我親友的哀傷

　　□ 7. 死亡的過程可能會很痛苦

　　□ 8. 其他

附錄二：

死亡的建構

德雷莎修女：

　　死亡並非結束，而是開始。死亡是生命的延續，這是永生的意義。它是我們的靈魂奔向主的地方，與主同在，去看主，與主交談，繼續對主的愛。我們只是身體死去，心和靈魂卻得永生。

　　昨天已逝而明天尚未到來；我們必須把每一天當作是最後一天來過，當上帝召喚時，我們已做好準備，以清靜的心前去。

無名氏：〈我不在那裡〉

不要在我墳前哭泣　我不在那裡

我沒有長眠安息　我是四處流浪的風　我是雪中閃耀的鑽石

我是陽光下成熟的稻穀　我是秋天的雨露

當你在寧靜的早晨醒來　我是俐落疾飛的鳥　我是夜晚閃爍的星星

不要站在我的墳前哭泣　我不在那裡

墨瑞（Morrie，《最後十四堂星期二的課》）──小波浪的故事

　　有一個小波浪在海裡翻滾著，日子過得很快樂。他喜歡風和新鮮的空氣，直到有一天他注意到，其他的波浪都在他前面，拍擊著岸邊。

　　「我的天哪，這真可怕！」小波浪說，「我的最後命運也是這樣！」

　　這時來了另一個波浪，他看到小波浪悶悶不樂，就問他：「你什麼事這麼不高興？」

　　小波浪回答：「你不了解！我們都會拍到岸邊！我們這些波浪都會化為烏有！這不是很可怕嗎！」

　　這個波浪說：「錯了，你才不了解。你不是一個波浪，你是海洋的

一部分。」

岸本英夫（《凝視死亡之心》）：死亡──別離的時刻

- 「人在健康的時候煩惱死亡，是件愚蠢的事。死亡是經驗之外的東西，因為我們能經驗的僅是活著這件事。因此，除了生存下去以外，我想人類別無選擇。」

- **死亡建構三部曲**
    1. 生命的全部就是一種實體。死亡，並非一個實體，也不是生命的替換，它是一種生命實體完全不存在的狀態。生與死的關係就如同光明與黑暗，對人類而言，光就等於生命，當生命消失了，人就會感到黑暗。
    2. 死亡雖然終究是要走的路，但生命受到如此的威脅時，死亡如同黑影，深入我直接的經驗世界之中。我不相信離開自己的肉體還有靈魂存在，死便幾近於無。
    3. 做最壞的打算，不存在著一個死後之世界；人只有盡可能地充實生活，讓生命洋溢著充實感。

- **死：別離的時刻……**

    死亡：對人類而言，是重大的、與全體的別離！這是作者戰勝死亡恐怖之道。

2 生生不息?!

大學階段

⊘ 100分鐘

目標 ➤ 一、了解一般人需要後代延續香火的緣由
二、探討個人的生命價值和意義如何決定與延續

教學準備：

　　課前學生分組挑選討論問題，以便於課前上網搜尋與閱讀有關資料，包含不同生育方法的醫學、法律、倫理、社會等層面與衍生的問題等。

教學活動：

一、準備活動

　　　　教師說明死亡是人類無可避免的事實，而人類則運用許多方法企圖延續自己的生命。最基本的方法就是生育兒女。古代中國社會有「不孝有三，無後為大」的傳統，婦女無法生育就可能面臨被「休妻」的命運，這種現象說明人們重視生命延續的程度。隨著時代的變遷，現代人對於「生育」的問題與態度有哪些不同？這些問題如何影響人類的生活值得思考。

　　　　教師提問，並歸納學生回答內容：

㈠古今人們都非常重視生育子女以延續後代，中國甚至重視香火的傳遞？為什麼？

㈡當人們面對「無後」或「無法生育」的事實之後，有哪些常見的因應方式？

二、發展活動

　　㈠分組討論：（可以擇題討論）

討論問題如下：

1. 古今社會對於「無後」的看待與因應方式有哪些不同？

2. 萬一你無法生育，想要養育小孩，你會採用哪些方式呢（例如：「領養」、「過繼」、「入贅」、「試管嬰兒」和「代理孕母」等方式）？為什麼？兩性的選擇是否會傾向不同？原因何在？請說明這些方法在法律上的相關規定，以及這些方法對個人、家庭親情、人倫關係、社會等可能發生的影響有哪些？

3. 你贊成台灣通過「人工生殖法」和「代理孕母」嗎？可能衍生的法律、社會、倫理問題與商業行為為何？為什麼？

4. 從衛生署公佈的「人工生殖法」來看，你認為此法令對哪些人會產生影響？女性的生育權是受到保障？還是剝奪？

5. 女性對自己身體作為生育的母職有無完全的自主權？為什麼？如果你是女性，你希望法律或社會如何善待你？

6. 現在比從前有更多的男人與女人可以生育，卻選擇不生育，可能是什麼原因？

7. 如果你將來選擇要有自己的子女，會是什麼理由？

8. Frankl 曾說：「一個人的生命本身就具有意義，不會因為生育子女而增加其意義；如果一個人的生命沒有意義，也不會經由生育子女而可以獲得個人生命意義。」對於這句話，你有何看法？

㈡各組代表分享討論結果。

三、綜合活動

㈠教師綜合歸納學生討論內容，並進一步引導學生思考：

1. 你認為「無後」真的是「不孝」嗎？「有後」是否就能光耀祖宗或安養天年嗎？人一生的價值由什麼來決定？

2. 你認為人生養子女的目的或意義何在？你對生養子女的態度如何？為什麼？誰會同意（或不同意）你的看法嗎？為什麼？

㈡作業：你認為你個人此生可以最有價值延續或貢獻的部分是什麼？為什麼？你會如何貢獻或延續這部分？誰能蒙受到你的庇蔭？請以一百至一百五十字陳述。

參考資料：

1. 林綺雲主編（2000）。醫學與生死（第12章）。**生死學**。台北：紅葉。
2. 鈕則誠、趙可式、胡文郁（2001）。**生死學**。國立空中大學。
3. 其他如：中時電子報、女性電子報、科學人網站、台灣生殖醫療學會網站。

生命教育 理論與教學方案

3 死亡權利㈠──自殺問題面面觀

⏱ 100 分鐘

大學階段 ┃目標┃ 一、增進對於人類死亡權利的多元思考能力

二、加強自殺抗壓力

☀ 教學準備：

一、請學生上網查詢國內十大死因的統計，以了解自殺在台灣死亡人數的排行榜，一年中自殺死亡的人數，以及近年來的研究。http://www. doh.gov.tw/New version/search_inde.asp（行政院衛生署網站）

二、將學生分為四組，分派從心理學、宗教、社會文化、倫理學等四種角度各領一種，分別查閱有關自殺的原因與評論。

三、教師事先閱讀相關資料（參考資料 12.）。

☀ 教學活動：

一、準備活動

㈠邀請學生報告台灣有關自殺身亡的數據，例如：自殺在十大死因的排行、一年中有多少人自殺身亡、自殺的男女比率等等。

㈡老師說明自殺的定義（參考資料 12.）：

1. L. Pojman的定義：某人在無他人教唆的情況下，刻意決定結束自己的生命。

2. *Webster's New World Dictionary* 的定義：自殺（suicide）一詞源自於拉丁字 sui（自己的）及 cidide（殺掉），合為殺掉自己之意；是一種自我傷害、自動結束自己生命之行為。

3. 世界衛生組織（WHO）的定義：造成死亡的自殺行為。

「從上述自殺的定義，可以知道：自殺即是在自己的決定下，結束自己的生命。」之後，老師進一步補充說明各國企圖自

殺、自殺身亡、自殺的男女比例等數據，以說明自殺問題的嚴重性（參考資料 10.）。

二、發展活動——探討人類的自殺權利

㈠小組討論：討論題目如下（每一組至少有兩名成員來自同一資料查詢組，同一組必須包括四種不同資料查詢組員）。

1. 心理學的角度——

　⑴一個人自殺的背後因素是什麼？

　⑵自殺滿足了自殺者的什麼心理需求？

　⑶從心理學的角度來看，人類有自殺的權利嗎？

2. 宗教的角度——

　⑴探討基督教、佛教、回教與民間信仰是否容許自殺？若容許自殺，容許的理由是什麼？若不容許自殺，不容許的理由是什麼？

　⑵有無宗教鼓勵信徒殉道，對這種自殺行為，你有何看法？

　⑶從宗教的角度來看，人類有自殺的權利嗎？

3. 社會文化的角度——

　⑴哪些國家的文化容許，甚至讚美自殺？容忍或讚美自殺的理由是什麼？這些容忍或鼓勵自殺的國家，其自殺的人口數與其他的國家的自殺率有不同嗎？

　⑵哪些國家不容忍自殺？他們對自殺抱持什麼負面的看法？

　⑶有無什麼自殺行為被認為是具有社會價值的？對這種自殺行為，你有何看法？

　⑷從社會文化的角度來看，人類有自殺的權利嗎？

4. 倫理學的角度——

　⑴自殺對個人的家人、親友，以及社會的衝擊與影響是什麼？

　⑵自殺都是不道德與不合倫理的行為嗎？有無例外？

　⑶為什麼基於個人解決痛苦的因素而採取的自殺行為，無法被

社會所接納？

(4)從倫理學的角度來看，人類有自殺的權利嗎？

5. 綜合的角度──

自殺是否真正解決了個人問題？自殺者得到了什麼？

㈡各組推派代表，上台報告討論結果。

㈢教師摘要各組的報告內容之後，進一步講解自殺防治的議題，促進學生預防自殺的能力（參考資料 9.）：

1. 自殺者在自殺前可能出現的警訊與徵兆。

2. 自殺的成因與分析。

3. 積極預防自殺的方法。

三、綜合活動

㈠引導學生思考：雖然可從不同的角度思考辯證人類是否有自殺的權利，不過，社會上多數人自殺的原因不是真正想死，而是生活中的問題無法解決與面對。所以，若發現周遭的人有自殺的危機，還是應該積極防治。除此之外，更要思考個人生存的價值，以及增進抗壓的能力。

㈡作業：邀請學生經過討論後，寫下個人對「人是否有自殺的權利」的看法。

參考資料：

1. 小知堂編譯組（1994）。Bode, J. 著。人生不可承受之死。台北：小知堂文化。

2. 江正文譯（2001）。Styron, W. 著。看得見的黑暗──走過憂鬱症的心路歷程。台北：究竟。

3. 江麗美譯（1995）。Pojman, L. P. 著。生與死──現代道德困境的挑戰。台北：桂冠。

4. 李開敏等譯（1995）。Worden, J. W. 著。悲傷輔導與悲傷治療。

台北：心理。

5. 易之新譯（2000）。Jamison, K. R.著。**夜，驟然而降：了解自殺**。台北：天下文化。

6. 林憲（1990）。**自殺及其預防**。台北：水牛。

7. 林憲正譯（1999）。Crook, M. 著。**提防自殺**。台北：新苗文化。

8. 孫宇斌譯（1999）。Blackburn, B. 著。**啊！自殺?!**。台北：宇宙光。

9. 陳建宇編（1999）。**台灣十大死因與防治**，pp.209-224。台北：聯經。

10. 魏德驥譯（1997）。Pojman, L. P. 著。**解構死亡──死亡、自殺、安樂死與死刑的剖析**。台北：桂冠圖書。

11. **科學人**，13 期，2003 年 3 月號，pp.35-45。

12. 孫效智，自殺，**哲學大辭典**。台北：輔大。

13. 相關網址：

http://ptd.tep.tku.edu.tw/news/whysuicide.htm（周勵志，為什麼要自殺）

http://ccsun57.cc.ntu.edu.tw/~johannsp/internet_resources（自殺的定義與分類）

（或鍵入「自殺」、「自殺防治」、「自殺危機」即可找到豐富的資料。）

死亡權利㈡——安樂死、安寧療護與安寧死

大學階段

⊙ 200 分鐘（節約為 100 分鐘的教學時，打＊不必實施）

目標　一、啟發對於人類死亡權利的多元思想
　　　　二、促進對於安樂死與安寧照護的多元思考能力

教學準備：

一、教師備妥錄影帶（宜先行觀看）。

二、辯論活動（這項工作準備須較長之時間，教師可於開學初的課程說明時先將學生分工，分為六組）：

㈠第一和第二小組作為辯論「安樂死是否合法化」之兩組，自行選擇為贊成或反對組，各組學生於課前先行蒐集相關資料。

㈡第三組蒐集有關安樂死是否合法化之醫學、法律觀。

第四組蒐集有關安樂死是否合法化之文化、宗教、倫理觀。

第五組蒐集有關荷蘭安樂死立法的環境與實施現況。

第六組蒐集有關澳洲實施又廢除安樂死法案之始末。

教學活動：

一、準備活動

㈠教師簡要說明「安樂死」、「安寧療護」與「安寧死」三個名詞。

＊㈡教師簡述要求安樂死案例的訴求，並說明植物人及其親人面對的問題及困境（請參考資料 1.）。

㈢教師進行簡單調查（見附錄一），了解學生對安樂死之態度。

二、發展活動

㈠進行辯論會——安樂死之立法可乎？

1. 教師提問，刺激學生思考：

　(1)個人是否有選擇死亡的權利？選擇死亡是單純的個人議題或是應視為社會的議題？

　(2)我們有無權利替代他人選擇和決定他的死亡？會不會有何潛藏的問題？

＊2. 學生進行辯論會。

(二)分組報告：

＊1. 由第三、四組學生將以上一、二組辯論之內容，自醫學、法律、宗教、倫理等層面，記錄及整理後並於此時做報告。

　　（改為100分鐘教學時，取代的教學步驟：由第三、四組學生自醫學、法律、宗教、倫理等層面，報告所查閱的資料）

2. 第五、六組學生分別報告荷蘭及澳洲實施安樂死之條件與經過。

＊(三)班級團體討論：

1. 從荷蘭與澳洲的經驗，觀看台灣在醫學、法律、宗教、倫理，以及社會文化等方面，是否具備安樂死合法化的條件。

2. 目前存在著什麼樣的措施，可以協助個人確保在喪失意識後，仍能維持個人對自己生命的主張（生前醫囑等，參考資料2.）？

(四)影片賞析：安寧療護與安樂死。

1. 教師解說：「人們要求實施安樂死，常是因為經歷異常的痛苦、失去意識或生命意義，或親人無法承受長期人力或經濟的沉重負荷等。目前醫學界努力推展安寧療護，以協助病人緩解因疾病帶來的各種異常痛苦、不適，及家屬的負擔與哀傷。安寧療護是否可以解決要求安樂死家屬的問題呢？」

2. 觀賞安寧療護錄影帶：《生命的樂章——安寧照顧、臨終關懷》，了解臨終關懷之源起、發展、實施及精神（參考資料1.）。

3. 班級團體討論：

教師引言：「綜合以上的討論，安寧療護在如某些植物人的情況下，是不能完全取代安樂死的，而目前安樂死又尚未合法化之情況下，人們不幸發生意外或罹患不治之症，能否期待安靜而有尊嚴的死亡？」（詳見附錄三）

(1)安靜而有尊嚴的死亡（簡稱安寧死）是什麼？

(2)安寧死的要素是什麼（附錄二）？

(3)在《天堂的階梯》中述說的案例，如果「昆士蘭」沒有通過安樂死，可能會有哪些結果？如何才能解決植物人家屬之問題與困境？

(4)哪一些病人的情況，安寧療護是可以解決病人及家屬的問題的？哪一些病人及家屬的問題是安寧療護無法解決？安寧照護目前的限制是什麼？安樂死可能是唯一的解決方法嗎？

(5)目前台灣實施的安寧照護，是否可以解決要求安樂死病人及家屬的痛苦及負擔？

三、綜合活動

㈠統整本單元的重點。

㈡教師進行簡單課後調查（同課前使用之調查表），了解學生在上完課程之後對安樂死態度的改變情形。

參考資料：

1. 項慧齡譯（2002）。瑪若琳・偉伯著。**天堂的階梯**。台北：天下文化。

2. 安寧照顧有關錄影帶可向財團法人中華民國安寧照顧基金會索取，電話（02）2511-8344，郵撥帳號 14875053。

3. 有關「安寧療護」的相關資料，請上網鍵入「安寧緩和醫療」，可搜尋大量資料。

4. 孫效智。「安樂死的倫理反省」──當代死亡倫理專題，http://ccsun57.nut.tw/-jchannes

5. 澳洲北區立法局。澳洲北區末期病患權利法，http://www.nt.gov.au/lant/

6. 高文士。生與死的橋樑──安樂死的迷思，http://www.kimo.com/-life

7. 信翰。推動安樂死合法化，http://www.kimo.com/-life

8. 呂應鐘（2001）。安樂死、墮胎的文化學考察。現代生死學，pp. 143-154。台北：新文京開發。

9. 鍾昌宏。癌症末期安寧照顧──簡要理論與實踐。台北：中華民國安寧照顧基金會。

10. 趙可式（1993）。康泰癌症末期照顧手冊。台北：中華民國安寧照顧基金會。

附錄一：

對安樂死態度調查問句

（請回答是或否）

題項說明   選　答

1. 安樂死的實施是目前可以解除如植物人或癌症末
   期病人及家屬痛苦的唯一方法。----------------------------□是　□否

2. 若不幸有一天我成了植物人或罹患不治之症，
   我希望我能安樂死。--□是　□否

3. 若不幸有一天我親愛的家人成了植物人或罹患
   不治之症，我會願意為她（他）決定實施安樂死。---□是　□否

附錄二：

安寧死之要素

- 身體之疼痛及不適減至最低，或病人可忍受之程度。
- 維持身體上之整齊清潔，或可忍受之身體形象之受損。
- 允許且鼓勵病人盡可能的活動。
- 按照病人之意願，滿足生理、心理、社會及靈性層次之需求。
- 保護病人不受到不必要、無意義的及損害人性之醫療措施。
- 完成「謝謝你」、「對不起」及「再見」等生命重要事件及告別。
- 回顧過去，能體會自己的一生是有意義的存在。

預立選擇安寧緩和醫療意願書

本人_____若罹患嚴重傷病，經醫師診斷認為不可治癒，而且病程進展至死亡已屬不可避免，特依安寧緩和醫療條例第四條、第五條及第七條第一項第二款之規定，做如下之選擇：

一、願意接受緩解性、支持性之醫療照護。

二、願意在臨終或無生命徵象時，不施行心肺復甦術（包括氣管內插管、體外心臟按壓、急救藥物注射、心臟電擊、心臟人工調頻、人工呼吸或其他救治行為）。

立意願人：

簽名：_____國民身分證統一編號：_____

住（居）所：_____電話：_____

在場見證人㈠：

簽名：_____國民身分證統一編號：_____

住（居）所：_____電話：_____

在場見證人㈡：

簽名：_____國民身分證統一編號：_____

住（居）所：_____電話：_____

中華民國_____年_____月_____日

附註：

一、安寧緩和醫療條例第四條規定：「末期病人得立意願書選擇安寧緩
和醫療。前項意願書，至少應載明下列事項，並由意願人簽署：

1. 意願人之姓名、國民身分證統一編號及住所或居所。

2. 意願人接受安寧緩和醫療之意願及其內容。

3. 立意願書之日期。

意願書之簽署，應有具完全行為能力者二人以上在場見證。但實施
安寧緩和醫療之醫療機構所屬人員不得為見證人。」

二、安寧緩和醫療條例第五條規定：「二十歲以上具有完全行為能力之
人，得預立意願書。前項意願書，意願人得預立醫療委任代理人，
並以書面載明委任意旨，於其無法表達意願時，由代理人代為簽
署。」

三、安寧緩和醫療條例第七條規定：「不施行心肺復甦術，應符合下列
規定：

1. 應由二位醫生診斷確為末期病人。

2. 應有意願人簽署之意願書。

但未成年人簽署意願書時，應得其法定代理人之同意。前項第一款
所定醫生，其中一位醫生應具相關專科醫生資格。末期病人意識昏
迷或無法清楚表達意願時，第一項第二款之意願書，由其最近親屬
出具同意書代替之。但不得與末期病人於意識昏迷或無法清楚表達
意願前明示之意思表示相反。

前項最近親屬之範圍如下：

1. 配偶。2. 成人直系血親卑親屬。3. 父母。4. 兄弟姊妹。5. 祖父母。
6. 曾祖父母或三親等旁系血親。7. 一親等直系姻親。

第三項最近親屬出具同意書，得以一人行之；其最近親屬意思表示
不一致時，依前項各款先後定其順序。後順序者已出具同意書時，
先順序者如有不同之意思表示，應於安寧緩和醫療實施前以書面為
之。」

5 ｜ 生存權利㈠──戰爭與生存

⏱ 100 分鐘

大學階段 ▮目標▶ 一、發展對人類生命生存權的意義觀
二、發展人類社會利他共存的倫理觀

☀ **教學準備：**

一、教師事前準備有關戰爭的影片或紀錄片，以及相關資料（參考資料）。

二、請學生課前蒐集有關歷史上重要戰爭的圖文資料，並蒐集有關引發該次戰爭的因素，該次戰爭對政治、社會、經濟、生態等各層面的影響等資料。

☀ **教學活動：**

一、準備活動

教師說明：戰爭雖然不受歡迎，但在人類歷史中卻從不間斷。教師以美伊戰爭為例，說明在地球村的環境下，戰爭對人們的影響愈加密切。人類是否有免於生存威脅的權利？衝突與生存的關係如何？值得探討。

二、發展活動

㈠班級團體活動：

1. 各組簡述以某次戰爭所蒐集的資料內容與發現，講述有關該次戰爭的故事、戰爭發生原因與影響等。

2. 教師歸納學生發表內容，並且引導學生欣賞有關戰爭的紀錄片或影片二十至三十分鐘（參考資料）。

㈡分組討論：各組學生就下列不同議題進行討論。

1. 戰爭對於人類造成哪些影響？

2. 歷史上的戰爭通常因為哪些因素而發生的？戰爭是為了解決哪些問題？是否真正解決了問題？戰後又衍生哪些問題？

3. 戰爭的意義或價值何在？

4. 隨著科技的進步，未來人類可能面臨更具威脅性與毀滅性的戰爭，科技文明究竟使人類生命更趨向幸福（生存）或者趨向毀滅？人類存亡的決定關鍵是什麼？

5. 台灣近數十年來並未發生軍事戰爭，但在社會上卻常見因侵犯、仇恨、偏見等引起爭奪或衝突的，你在生活中所觀察到的例子有哪些？這些衝突對於社會的影響是什麼？你如何看待這些問題（例如：政黨失當對抗、族群偏見、暴力）？

6. 哪些方法是文明解決各種團體衝突（包括國家與族群）與個人衝突的方式？困難何在？如何突破？

7. 除了戰爭，還有哪些人類的問題可能使人類的生存受到威脅？

㈢班級團體活動：各組代表報告討論結果。

三、綜合活動

教師綜合歸納學生發表內容，且引導學生思考生命生存權與社會利他的關聯。請學生寫一則以〈「人有免於死亡威脅的權利嗎？為什麼？」的相處經驗〉為題的家庭作業。

參考資料：

1. 張忠宏等譯（1997）。路易斯和波伊曼編著。**生死一瞬間**。台北：桂冠。

2. **美麗天堂**（紀錄片）：描述從七個耶路撒冷的孩子眼中所看到的戰爭與人們面對衝突的因應之道。

3. **銀簪子**：描述從老奶奶的銀簪子的故事，回溯民國三十八年從大陸來台的六十萬大軍，歸鄉不得而落腳台灣的兩岸鄉情，以探討

戰爭後民生與親情歸處。

4. **越戰未亡人**（*Regret to Inform*）：先生戰死沙場的未亡人因追念心切而親自走一趟戰場之路，卻見因戰爭而帶來的種種問題與女性生命價值的疑思。

5. **殺戮戰場**：由飾演戰地記者的演員，描述越戰時的親身經歷。

6. **風中奇緣**，卡通片：描述戰爭與互愛的對比。

7. **搶救雷恩大兵**，史蒂芬・史匹柏（導演）（2001 年）：描述二次大戰美國曾派八名士兵尋找一位士兵，因為該士兵其他手足在同一天戰死，政府希望尋回雷恩大兵以慰其母的故事。

6 生存權利㈡──動物的生存權利

⏱ 100分鐘

目標▶ 一、思辨動物的生存權利
二、培養尊重動物生命的態度

課前準備：

一、教師事先上網查詢農委會有關動物保護法的相關資料與報導（參考資料 2.）。

二、請學生上網查詢農委會有關動物保護法的相關資料與報導（參考資料 2.）。

教學活動：

一、準備活動

教師說明：「九世紀之後，一些重要的醫學發現及藥物開發，都是利用動物實驗之測試，才取得完整及正確的結果，可說是歸功於動物對人類的貢獻。諷刺的是，在『動物實驗』的申請文件或實驗報告上，目前仍將『動物』列為『耗材』，無法看出人類對這些犧牲生命的動物，表達出對其生命價值的尊重。再者，動物被屠殺與棄養，或人類為了某種需求屠殺某些動物，以取得牠們身上的皮毛或器官等現象，都突顯了人類的生存權與動物的生存權的衝突與失衡的問題。」之後，邀請學生思考動物的生存權利問題，以及人類與動物和平共處的方法（參考資料 2.）。

二、發展活動

㈠小組分享與討論，討論提綱如下：

　1. 動物擁有權利嗎？若有，牠們的權利是什麼？還是因為動物缺

乏某些能力，使牠們無法擁有與人類一樣的權利？

2. 從生態學的觀點，動物的生命有何價值？人的生命是否比其他動物更有價值？

3. 各種宗教如何看待動物的生命價值與尊嚴？

4. 若因為某種原因某些動物繁殖太多，影響了生態的平衡，誰有權利擔任生態平衡的仲裁者？這時刻意撲殺動物有違動物的生存權利嗎？

5. 全球如何解決人類的生存權與動物的生存權之間的衝突問題？

6. 成員舉例說明個人能夠平衡動物生存權與人類需求滿足的方法（例如：控制肉類攝取與浪費、不穿皮製服飾、不使用含有動物成分的保養品等）。

㈡各小組試著假想自己變成人以外的動物，草擬一份「動物權利宣言」，由代表向班級團體宣讀。

三、綜合活動

作業：請學生上網查閱「行政院農委會動物保護資訊網」，參考其中的「動物保護法」內容，草擬一份作為個人「動物代言大使就職宣言」。

參考資料：

1. 張忠宏等譯（1997）。**為動物說話──動物權利的爭議**。台北：桂冠。

2. 相關網址：

http://animal.coa/gov.tw/index.htm

（行政院農委會）

http://animal.coa/gov.tw/experiment/o1-c.htm

（洪昭竹，實驗動物與生物醫學進步之互動）

http://animal.coa/gov.tw/experiment/o1_g.htm

（陳美玲，動物實驗知多少）

http://animal/coa/gov.tw/experiment/o1_d.htm

（梁鍾鼎，動物實驗模式）

http://las.nhri.org.tw/curriculum_89nlacl.htm

（許桂森，實驗動物飼養管理訓練課程——動物保護法現況與展望）

http://www/east.org.tw/o5/link1-1.htm

（尊重動物權——獸醫教育活體實驗之必要性）

http://www/east.org.tw/o5/link2-1.htm

（動物實驗的倫理判準）

7 失落與人生

大學階段　⏱ 100 分鐘

目標 ▶ 增進對於人生各種失落的接納能力與因應能力

📖 教學準備：

一、教師事前閱讀有關失落與哀傷的資料，以備上課講述。

二、教師準備「失落線上」活動單，學生每人一張。學生自備不同顏色
的筆兩枝。

📖 教學活動：

一、準備活動

　　教師引言：「失落是人生常見的經驗，平常容易被忽略。凡原
來擁有的事物、關係、情感依附的對象或生活依賴的對象，在個人
非自願的或不可抗拒的情形下被剝奪，都是失落。失落有不同的型
態，例如：丟失財物、手術截肢是有形的失落；失去名譽、失去自
我認同或權力等是無形的失落；再如友誼決裂、失戀、失去親人等
屬於關係的失落，尤其親人死亡是最大的失落，常常引人哀傷。一
般人都不喜歡失落，但是在人生之中失落，並未因為人們的迴避而
可以豁免。」（參考故事或以最近失落事件為例）

二、發展活動

㈠冥想活動：

教師引導學生放鬆心情並閉上眼睛，緩慢而仔細地回顧成長過程
中的失落經驗，找到特定的失落經驗後，仔細回想當時的情景，
再次感受當時的心情，如何走過那次的失落？教師逐漸引導學生

將心思回到現在，並睜開眼睛回到現場。

㈡完成「失落線上」活動單（附錄一）：請學生就剛才想到的失落經驗，完成此活動單。

㈢分組活動：將學生分為四人一組，每人選出二至三個願意分享的失落經驗互相分享。為使學生能充分分享，建議分享方式：首先，分享事件：「我曾失落的是＊＊」；其次，分享以下列項目：

1. 當時失落發生時的心情與想法？

2. 當時我的需要是什麼？我如何走過來的？什麼是我的助力？

3. 那件事帶給我的正、負面影響是什麼？

㈣教師反映學生表達的心情。並請學生以自己在「失落線上」的圖畫仔細思考：回頭再看看這三個失落經驗，造成的正、負面影響是什麼？用不同顏色與方向的線段標示出影響的向度與強度。

㈤小組分享：

1. 前面分享的那些正、負面的影響，目前對於我的意義是什麼？

2. 那些經驗帶給我的學習是什麼？

3. 如果再發生類似的失落，現在的我會與過去的我有無不同的反應與因應？

4. 在剛才的分享中，你對自己有何發現？

5. 你從人們的失落經驗有哪些發現？（例如：失落一定只有負向影響嗎？失落一定發生在負向生活經驗上嗎？失落一定發生在過去嗎？未來，你可能的失落是什麼？）

三、綜合活動

㈠班級團體討論（教師邀請學生自由發表）：

1. 在我們這個年齡，曾經經歷哪些常見的失落經驗？什麼是幫助一個人度過失落的個人力量與環境助力？

2. 對於生命過程中的「失落」與「擁有」，你有怎樣的看法？

3. 人生可能完全沒有經歷失落嗎？沒有失落的人生會像什麼？人生會變得如何？

㈡教師綜合與歸納學生發表內容，並且進一步說明：

1. 失落容易引發的身心反應與歷程。
2. 面對哀傷調適之道（參考資料 1.）。

㈢家庭作業：心得一篇，一百字內。

參考資料：

1. 李開敏等譯（1995）。Worden, J. W. 著。**悲傷輔導與悲傷治療**。台北：心理。
2. 林綺雲主編（2000）。悲傷之自我調適與基本助人技術。**生死學**，p.349-372。台北：紅葉。
3. 陳月霞譯（2001）。Claudi Jewett Jarratt 著。**生離死別之痛——幫助孩子走出悲傷**。台北：創意力文化。
4. 陳文祺譯（1995）。Ann Kaiser Stearns 著。**失落感**。台北：遠流。
5. 慈莊法師等編（1992）。**佛教故事大全**。高雄：佛光山文化。

生命教育 理論與教學方案

附錄一：

【失落線上】

說明：請畫上一條橫線代表你的生命長河，左端是生命的起點，右端代
表現在，將你所回憶的失落經驗，依照年齡順序在線段上標示出
來，簡單註明事件名稱，以及你失落的事物。

 **參考故事：**

求吉火

　　過去印度有位年老的寡婦，只有一個兒子，兩人過著孤苦伶仃的日子。怎知兒子有一天也突然生病而死，老婦人痛苦欲絕，整日守著兒子的屍體，不忍埋葬。雖經過親戚勸說，終將兒子屍體載到塚間，老婦人看到兒子要被埋在荒涼曠野，更是悲傷不已，就不吃不喝坐在死屍旁邊，陪伴了四天四夜。

　　村子的人知道這件事都想勸勸老婦人，但卻沒人可以說動她，在無計可施的情況下，有人想到當時一位很有名的智者，也許只有他能幫助這位老婦人。這一天智者走向屍陀林（古印度時候人死棄屍的山林），老婦人遠遠地看到智者來了，更是傷心地哭喊。智者問她：「你年紀這麼大，有房子卻不住，一個人在這塚間做什麼？」老婦人將心中所有的苦楚和哀傷告訴這位智者，並且說要和兒子生在一起，死在一起。智者說：「既然如此，那我替你想個辦法吧！如果你要你的兒子能活過來，你要完成一件任務，你去向人家要來吉祥火，我便可以讓你兒子死而復生。不過，你向別人家要吉祥火的時候，要先問對方，看他家有沒有死過人，如果有死過人，那就是不祥火了。」

　　說完之後，老婦人很高興地去要吉祥火。可是她挨家挨戶地要，卻沒有一家的火是吉祥火，每家都曾有人死過。老婦人沒辦法，只好垂頭喪氣的空手而回。此時，智者便告訴她：「世界上每一個人都有生老病死，無論誰也免不了，你看，哪個人可以永遠不死？」失望傷心的老婦人這時如夢初醒一般，終於知道自己遇到的喪親之痛並非獨有，而且也無可避免。

8 生死與藝術創作

大學階段

⊘ 100分鐘

目標
一、認識人類的藝術創作與生命、死亡的關係
二、發展透過創作欣賞與表達對生命、死亡感
受的能力

教學準備：

一、教師在課前蒐集不同時代，或世界不同國家與種族，或各種宗教與
生死議題相關的藝術作品圖片，以備給學生做介紹。此外，教師也
可以自我創作。

二、鼓勵學生：(1)在課前（或學期初）分組蒐集不同時代，或世界不同
種族與國家，或各種宗教藝術領域中與生死議題有關的作品，以便
上課時分享。(2)指定學生為自己創作一個表達生或死的主題有關作
品（圖畫、雕塑、散文、詩歌朗誦、音樂或舞蹈表演類等任何創
作），並於本週上課時發表。教師亦可事前將學生依照作品類別分
組。

教學活動：

一、準備活動

教師請學生提前佈置，分組展示出所蒐集的文字或藝術作品與
學生個人創作（平面作品可以壁報方式展示）。給學生一些時間可
以略做瀏覽，彼此觀摩。

二、發展活動

㈠藝術賞析：

1. 教師示範：先抽兩、三件，介紹自己查到的藝術作品或詩詞、

散文。說明作品出處、創作緣由、創作主題或用途等等，甚至比較不同文化或時代創作的差異。分享個人感受，也邀請學生表達感受。教師可參酌以下方式進行本活動，促進學生表達。

＊教師可向學生提問：「此作品給你的感覺？你猜想它要表達什麼？」「你認為這兩種不同文化的人對於生命（或死亡）企圖表達的方式有何差異？」

＊教師自己也可分享下列四個題項：

(1)此作品讓我印象深刻的是……

(2)主要表現的主題是……

(3)引發我的聯想是……

(4)我的類似感受與經驗是……

＊教師需要提醒學生：「了解他人作品需先感受而非分析或評價，才能體會其真意。」

2.各組分享：各組介紹所蒐集到的文章、藝術，表達個人感受。

(二)班級團體分享與賞析：

進行詩歌朗誦、音樂或舞蹈創作的現場發表。

1.個人創作發表：邀請學生呈現作品與分享。

2.回饋與討論：每位發表的學生須獲得他人回饋。

(三)小組討論，題綱如下：

1.在運用藝術媒材創作生死議題的過程中，個人有哪些體驗？

2.運用藝術媒材創作以表達生死議題，對個人的意義是什麼？

3.社會文化如何影響人們運用藝術媒材創作以表達生死議題？那些創作對一個社會或一個族群具有什麼意義？

三、綜合活動

(一)請三、五名學生對本單元學習經驗發表感言。

(二)教師統整學生作品所表達的情感與意義，並鼓勵用藝術形式表達個人對於生死的體驗。

生命教育 理論與教學方案

參考資料：

1. 陳幸蕙（2001）。文學中的鶼鰈情深。載於今夜我們來談文學，pp.93-130。台北：天下文化。

2. 張三夕（1996）。死亡之思。台北：洪葉文化。

3. 傅偉勳（1993）。死亡的尊嚴與生命的尊嚴。台北：正中書局。

4. 徐進夫譯（1998）。托爾斯泰著。死的況味。台北：新潮文庫。

5. 喬長路（1995）。中國人生哲學。鴻泰書局。

6. 許海燕譯（1995）。托爾斯泰著。人為什麼活著。台北：新潮文庫。

7. 張燕譯（1993）。海倫・聶爾玲著。美好人生的摯愛與告別。台北：正中書局。

8. 鄭曉江著（1997）。生死智慧──中國人對人生觀與死亡觀的看法。台北：漢欣文化。

9. 參考影片：

黑澤明（導演）。活下去。

伯格曼（導演）。第七印信。

法蘭克達瑞彭（導演）（2000）。綠色奇蹟（特別推薦）。

艾瑞克瓦利（導演）（2001）。喜馬拉雅。

9 另類的永生——器官捐贈

⏱ 100分鐘

大學階段　**目標**　一、發展對器官捐贈之多元思考能力
　　　　　　　　　　二、澄清生命價值

☀ 教學準備：

教師課前閱讀相關資料。

☀ 教學活動：

一、準備活動

㈠教師誦讀短文一篇（附錄三）。

㈡教師詢問學生：「是否知道有關『器官捐贈卡』？是否有人已經填繳『器官捐贈卡』給特定機構了？對個人的意義是什麼？至今有沒有後悔？為什麼？」

二、發展活動

㈠認識器官捐贈：

1. 教師說明：

(1)簡介器官移植的意義、範圍（器官捐贈與組織捐贈）與種類（活體與屍體捐贈）。現今台灣器官捐贈的情形等（請參閱參考資料1.）。

(2)簡介「人體器官捐贈條例」（請參閱參考資料1.）。

2. 分組討論：

(1)新加坡政府立法規定全國人民死後必須器官捐贈，除非申請不捐贈，否則一律視為同意接受器官捐贈。對新加坡的做法，你有什麼看法？

(2)若每個人生理條件都相等，你是否比小組中的其他人更該接受器官捐贈？為什麼？（受贈者的評估請參看附錄一）

3. 小組代表報告討論結果，教師統整。

㈡班級討論：從法律、宗教、文化與倫理層面分別討論「器官捐贈」的精神與可能性。

1. 法律層面：

(1)立法規定全民器官捐贈的國家（如新加坡），他們立法的精神是什麼？

(2)立法規定全民器官捐贈有無什麼問題？

(3)何以需要法律規範「器官捐贈」？為何不可買賣器官？器官捐贈在法律上須有何限制，以防弊端？

2. 社會文化的角度：

(1)世界上器官捐贈率最高的是西班牙加泰隆尼，他們並沒有如新加坡的法律規定，究竟是什麼樣的原因（附錄二）使他們能夠如此？

(2)推展如「西班牙加泰隆尼」的精神，是否能提高「人類全體實施器官捐贈」的可能性？

(3)我國有何有利和不利器提倡器官捐贈的社會文化？

3. 宗教層面：

(1)你所知道的宗教，有何有利或不利器官捐贈的教義？

(2)當一個人的宗教信仰與鼓勵器官捐贈的精神牴觸時，將如何以對？

4. 倫理層面：

(1)複製人或異種移植可行乎？為了一個人類的存活可以剝奪一個複製人或異種的性命嗎？若可以，那會發生什麼事？複製人是人嗎？

(2)當人類的科技文明發展遠超過道德文明時，如濫用複製人或異種移植，人類社會會發生什麼樣的現象？人類應如何提升

　　　道德文明？

　　(3)屍體捐贈是可以的，然而何以死刑犯的捐贈目前世界各國仍不採行？死刑犯器官捐贈的利與弊為何？

三、綜合活動：

　　㈠教師邀請學生分享：「經過大家討論後，個人的感想或心得。」

　　㈡統整本單元之重點。

 參考資料

1. 於kimo或yahoo網站，鍵入關鍵字「器官捐贈」，即可尋找大量相關之資料。

2. 呂應鐘（2001）。患者本位的醫療體制改革課題（第6章）。**生死學導論**，pp.79-83。台北市，新文京開發。

附錄一：

【器官受贈者之社會、心理評估】

一、社會評估：

1. 家庭結構：家庭成員、主要照顧者及其人格特質，與病患情感和溝通情況。
2. 居住狀況：住宅、環境、同戶人口數。
3. 工作狀況：過去工作史、目前工作類別、工作性質、工作壓力、老闆或同事對病患之支持度。
4. 經濟狀況：病患及家庭成員之收入、支出、保險狀況、可運用之資源、移植之相關費用負擔能力。
5. 社會支持：鄰居之相處、參與社團或活動之情形、嗜好與興趣。

二、心理評估：

1. 精神狀況：精神疾病史、心智狀況、人格狀況。
2. 人格特質：挫折忍受力、壓力適應方式。
3. 不良生活嗜好：菸酒、藥物依賴。
4. 求醫方式：醫療類別（中醫、西醫、草藥……）、固定醫院診療、遵照醫囑情況。
5. 患病後之心理調適：對自己之看法、對疾病之認識、對醫療之期待、求生之慾望、對死亡之感受、生活方式之調適狀況。

附錄二：

【「西班牙加泰隆尼」對器官捐贈的心態】

「今天我捐贈出來給有需要的人，同樣的，有一天我的親友需要器官時，也會有同胞捐贈給他們。」（將整個國家當作生命共同體）

附錄三：

【如果你要懷念我】

總有一天，我會躺在醫院的白色被單下。

總有一個時候醫生會認定我的腦功能已經停止。

那表示，我的生命已經結束，

那時候，請千萬不要稱呼那是死亡之床，而請稱之為生命之床。

因為我要將我的身體拿出來幫助別人，延續並讓他們有更豐富的生命。

讓我的眼睛，給一位從來沒見過這世界、沒看過日出、嬰兒的笑容，或愛人眼神的人；

將我的心，給一位擁有一顆使他痛苦心臟的人；

把我的腎，交給那老是去洗腎的人；

用我的筋骨、神經，讓跛腳的孩童行走；

如果可以，讓那些不會說話的孩童，可以為一支全壘打歡呼。

讓耳聾的女孩，聽到窗外淅瀝的雨聲，

燒去我的殘骸，變成可綻放美麗花朵的肥料。

如果必須埋葬什麼，請埋葬我的過錯、軟弱及偏見，

將我的罪歸還給魔鬼，將我的靈交給上帝。

偶爾，如果你要懷念我，請對需要的人說一句溫柔的話，或做一件美事，

如果你要懷念我，請與我一樣，讓我們都永生不死。

──節錄自呂應鐘（2001），《生死學導論》，p.90

10 死後世界之謎

大學階段

⏱ 100分鐘

目標　一、了解人類建構死後世界的意義與啟示

　　　二、統整個人的死後世界觀與人生

☼ 教學準備：

　　教師請學生上網查詢有關死後世界的相關資料，或蒐集、準備有關死後世界的圖片，例如：不同宗教的圖片、佛教的六道輪迴圖、西方極樂世界或基督教的審判圖與天堂圖、不同文化或種族的相關圖片、不同時代或社會的相關圖片等。

☼ 教學活動：

一、準備活動

㈠學生張貼佈置所蒐集到的圖片（或使用實務投影機）。

㈡教師邀請學生簡單說明這些圖片從哪裡蒐集到的、圖片內容是什麼，以及他對這個圖片內容的看法。教師引導學生觀察死後世界的圖片。

二、發展活動

㈠班級團體活動：

　1.靜思活動：教師引導學生思考。

　　⑴宗教都主張有死後世界，對人們有何幫助？

　　⑵死後世界對於一個人面臨死亡、受苦經驗時，有何啟發作用？

　　⑶你個人相信有死後世界嗎？

㈡分組討論（約 6-8 人一組）：

1. 死後世界的圖片中有哪些景物？你認為死後世界的圖片中的環境如何？
2. 觀看不同的社會、種族、時代、文化、宗教等對於死後世界的圖像之後，其背後的死亡觀念是什麼？你有何想法？
3. 圖片中對死後世界的描繪，對人類的意義與啟示是什麼呢？
4. 從心理層面，人類何以需要死後世界？

㈢班級團體討論：教師請學生分享討論心得。

三、綜合活動

㈠統整本單元的學習重點。

㈡邀請學生從上述的討論中，整理並寫下個人的想法。

1. 你相信有個死後世界的程度如何？
2. 如果你相信有死後世界，那會是個什麼樣的世界？如果你不相信有死後世界，那麼人死了之後會是怎麼一回事？你選擇相信或不信，背後的原因是什麼？
3. 若你相信有死後世界，你所建構的死後世界觀對於你的生活與人生有何影響？若你是選擇不相信有死後世界，對於你的生活與人生有何影響？

參考資料：

相關網址：

http://www/ufo.org.tw/fk25.htm

（呂應鐘，生命意義與死後世界）

http://new.ccea.org.tw/peace/2001/chineseghost.htm

（華人亡魂世界觀）

http://www.thinderstar.com/phi/afterlife/dante.htm

（但丁神曲）

11 | 無人豁免的老化

大學階段

🕐 100 分鐘

目標

一、增進學生對於老人與老年的認識與接納

二、察覺個人及社會對老人的態度與影響，並發展對老年的適當態度

✏ 教學準備：

一、學生課前訪問老人：

選擇方便訪談的老人（65 歲以上，性別不拘）二至三人。

訪問題項：

㈠生命中最美好的時光是什麼時候？為什麼？

㈡生命中最得意的一件事。

㈢在現代社會中，對於自己身為老人角色的看法與感受。

㈣給年輕朋友的一句話。

二、教師閱讀相關資料。

✏ 教學活動：

一、準備活動：「對老人態度的自我察覺」

教師邀請學生分組完成以下句子：「老人是……」

㈠每一組之學生，以接力方式至黑板上完成以上的句子。

㈡學生寫愈快、愈多、愈好（時間為 5 分鐘，但不比賽）。

二、發展活動

㈠班級團體討論：覺察對老人的態度。

1.教師按正、負向及中性等三種態度將學生的答案歸類，並討

論：「個人對於老人態度的由來。」（個人與老人的經驗？老人的身心狀況影響對老人的態度？）

2. 以上對老人的態度，是否可代表現代工商業社會面對老人的態度？與農業社會面對老人的態度做比較，有何差異？如何造成？

㈡教師解說：

1. 台灣於民國八十二年老年人口佔 7％，台灣人口狀態進入老人國。

2. 老年問題，包括生理、社會、心理等層面（參考資料 1.、2.）。

3. 教師協助學生從發展的角度了解老年期的生活目標：教師以Erikson的心社發展階段任務論，說明青少年期及老年的發展任務（參考資料 3.）。

㈢老人的尊嚴與貢獻。

1. 分組討論：

(1)小組統計訪問題項 1.「生命中美好時光」的年齡或時間分佈。

(2)小組綜合老人的貢獻：自題項 2.「生命中最得意的一件事」看老人對自己、家庭、社會、國家或人類的貢獻。

(3)小組自題項 3.「給年輕朋友的一句話」了解老人的人生智慧。

2. 班級團體活動：向「老年」學習；學生思考。

(1)各組報告以上整理的結果。

(2)學生分享從分組討論獲得的學習或感想。

㈣與老化共處。

1. 分組討論（分為四組，以下共有八個討論問題，請一組依序討論兩個題目）：

(1)教師先說明：目前國際仍以六十五歲為定義老人的標準，此乃約一百年前德國首相俾斯麥所訂，現今醫學發達，營養、環境衛生等改善，健康情形普遍較以前為佳，故仍以六十五歲為老人的界定，是否符合現今狀況？白髮染黑代表的意義是什麼？如何定義「老人」，是以年齡、生理或心理狀況為

標準？或皆要考慮？

(2)學生再進行分組討論。

討論題目：

(a)界定「老人」的標準是什麼？

(b)俗諺：「家有一老，如有一寶。」您覺得老人是寶嗎？為什麼？

(c)對老人正向或負向的態度，如何影響我們與老人的相處？（如：我們認為老人本來聽力就會衰退的，於是可能就會忽略掉病理的因素，而延誤治療或沒有治療，結果影響了老年的生活品質。）

(d)高齡化的社會特徵與需要是什麼？

(e)你認為，我們社會當前對於老人與老年抱持何種態度？

(f)當你成為老人時，你希望社會、家庭和他人如何看待你？

(g)在當前社會，你對老人有何期待？

(h)敬老的文化還有存在的需要嗎？為什麼？

2. 各組代表按照題目順序發表討論的結果。

三、綜合活動

(一)教師統整學生討論的重點與本單元學習重點。

(二)家庭作業：「我的老年生涯規劃。」

參考資料：

1. 呂應鐘（2001）。高齡化社會問題與心靈改革。**現代生死學**，pp. 103-129。台北：新文京開發。

2. 羅惠筠、陳秀珍編譯（1992）。Morris, C. G. 原著。**現代心理學——生活適應與人生成長**。台北：美亞書版。

3. 邱天助（1997）。**顛覆年齡——活得老又活得好**。台北：張老師文化。

12 保健自強

大學階段

🕐 100 分鐘

目標 一、認識生活型態、環境與疾病的關聯
二、重視與規劃個人的健康計畫

教學準備：

一、邀請學生訪談家長或長輩下列問題：

㈠家中的長輩或親人最常罹患的疾病是什麼？

㈡已經逝世的家中長輩或親人是罹患何種疾病死去？

二、將全班分為七組，其中由兩組負責查詢十年來台灣人十大死亡原因
與改變情形的資料；另外五組，每一組負責查詢當年最新十大死因
中的兩大死因，並查詢發病的原因與預防、臨床表現與症狀、治療
與預後。

網址：http://www.doh.gov.tw/New version/search_inde.asp（行政院衛
生署網站）

教學活動：

一、準備活動

邀請學生分組討論他們訪問長輩生病的經驗，以進一步了解親人所
罹患的疾病在台灣人十大死因的排行。

二、發展活動

㈠班級團體報告與討論：

1. 各組介紹查詢結果，報告內容包括：

⑴比較十年之間台灣人十大死因的排行與變動情形。

⑵各種疾病或問題發病的原因與預防。

(3)臨床表現與症狀。

　　　(4)治療與預後。

　　2. 討論：

　　　(1)台灣人十大死因近年來有所改變，背後顯示出與國人的生活
　　　　型態、社會與文化環境、自然環境、醫療等有何關聯？未來
　　　　有哪些需要改變的地方嗎？

　　　(2)給你個人有什麼啟示？

　(二)分組分享與討論（約六人一組）：

　　1. 家中的長輩或親人所罹患的疾病，在目前台灣十大死因中排行
　　　第幾？

　　2. 你認為，家中的長輩或親人生病背後的致病原因是什麼？

　　3. 台灣人十大死因近年來有所改變，背後顯示出國人的生活型
　　　態、社會與自然環境、醫療等，有哪些需要改變的地方嗎？給
　　　你的啟示是什麼？

　　4. 個人從小到目前的健康狀況與病歷史？

　　5. 從家人的病歷史、個人的病歷史，以及目前個人的生活型態
　　　（包括飲食習慣、運動習慣、工作型態與習慣、人際關係）、
　　　個性、生活環境等狀況，你會擔心自己罹患什麼疾病或什麼健
　　　康問題呢？你會提醒自己要注意什麼？

三、綜合活動

　(一)教師總結。

　(二)請學生擬定一份「個人保健計畫書」（參見附錄）。

參考資料：

1. 楊芷菱譯（2002）。Anderson, G. 著。**抗癌無懼，活得更好**。台
　　北：張老師文化。

2. 李明濱（1997）。**情緒與疾病**。台北：國立台灣大學醫學院。

3. 易之新譯（2000）。Rosenbaum, E. E. 著。**當醫生成為病人**。台北：天下文化。

4. 黃春華譯（1999）。Hay, L. L. 著。**創造生命的奇蹟**。台北：生命潛能。

5. 陳玲瓏譯（2000）。Weil, A. 著。**自癒力**。台北：遠流。

6. 陳建宇編（19999）。**台灣十大死因與防治**。台北：聯經。

7. 楊慕華譯（1995）。Nuland, S. B. 著。**死亡的臉**。台北：時報文化。

8. 網址：http://www.doh.gov.tw/New version/search_inde.asp（行政院衛生署）

附錄一：

個 人 保 健 計 畫 書

個人擬從下列方式增進健康：

一、飲食習慣

二、運動項目與計畫

三、健康檢查時間表

四、醫療保健規劃

五、生活方式與態度

六、用藥的習慣

七、抗壓的方法

八、心靈淨化的方式

九、其他

13 人生最後的告別

大學階段

⏱ 100 分鐘

目標▶
一、了解喪葬禮儀對於人類的意義
二、省思現代社會的喪葬禮儀

☼ 教學準備：

一、教師要事前邀請殯葬業禮儀師至教室座談，或帶領學生參訪禮儀公司或葬儀用品店（老人嫁妝店）。此外，教師查閱兩、三種不同文化的喪葬習俗，以備增進學生聽聞（若不便安排來賓座談或參觀時，可以使用相關的錄影帶，或教師至葬儀用品店等自拍的幻燈片或錄影帶）。

二、請學生分組上網或在圖書館查閱世界不同種族的喪葬習俗。

☼ 教學活動：

一、準備活動

教師引言：「中國具有強調倫理與禮節的傳統文化。因此，對於人生的重要大事都有特定的禮儀，每個人初生就會經驗不同的禮儀，例如滿月、週歲抓週、成年禮、生日慶生、畢業典禮、婚禮……等等。當一個人生命結束的時候，還有神仙典禮，也就是喪禮。喪禮究竟對死者和生者、對社會、文化、宗教，甚至藝術層面的影響與意義為何？其中各種儀式具有何意義？值得我們探討一番。」

二、發展活動

㈠了解喪葬禮儀的籌備與進行過程。

　1.事前活動：（教師邀請喪葬禮儀師至班上介紹，或者安排一個

喪葬社的參觀活動），從介紹過程中，了解各式各樣的傳統禮儀與使用情形、喪葬用品的功能、喪葬服務過程常見的現象或問題等。如果不能安排參觀與來賓座談，這個部分也可以使用影片或幻燈片取代。

2. 班級討論：

(1)在上述活動中，我印象最深刻的部分是什麼？讓我想到的是什麼？

(2)在上述活動中，有無讓我感到害怕的是什麼？讓我聯想到什麼？

(3)在上述活動中，最讓我不了解的是什麼？我還想知道更多的是什麼？

3. 班級活動：

(1)若有來賓座談：可讓學生自由提問（請學生提出關切的問題，例如：從事此行業的趣聞、心得與人生觀等）。

(2)各組限時搶答：

在黑板上列出喪葬用品至少五項，並說明其功能或意義。

(3)其他種族或文化的喪葬習俗介紹：

(a)教師先介紹一至兩種不同文化的喪葬習俗。

(b)各組報告所查閱到的資料。

4. 分組討論：

(1)一個社會有喪葬禮儀對於大眾有何作用與影響？

(2)喪葬禮儀具有哪些個人意義與心理功能？

(3)喪葬禮儀與各種族或文化的藝術發展有何關聯？

(3)宗教在喪葬禮儀中扮演怎樣的角色？有何重要性？

(4)隨著現代社會的進步，有哪些過去的禮儀或風俗習慣已經逐漸式微？為什麼？

(5)隨著現代社會的進步，有哪些不同於傳統的殯葬方式？這些新興的殯葬方式帶來什麼影響（包括環境）？

(6)我們的社會對於喪葬禮儀有無需要一些法律的規範？

三、綜合活動

(一)自由創作：教師統整學生討論內容，並指定學生閱讀參考資料一。請學生思考如果喪禮可以預做安排或選擇，你希望給自己或親愛的人安排怎樣的喪葬儀式呢？請以繪畫或寫作方式完成一則「我理想中的告別式」。

(二)完成後分享，並說明創作緣由（可以採分組進行或班級團體進行。若採班級團體進行方式，則須讓學生展示創作，再由志願者在團體中說明）。

附註：1.本單元所探討內容豐富，教師可將課程分為認識活動與探索活動兩部分，完成對喪葬過程的認識後，進一步開放討論與創作。

2.一般的禮儀師均以熟悉閩南民間喪禮習俗居多。這種喪禮儀式流傳千年，不斷演變與融合了許多社會文化，不能代表佛教或道教儀式，是一種閩南地區文化的一部分。因此，必須特別向學生說明。

參考資料：

1. 郭于華（1994）。**死的困惑與生的執著**（pp.1-26；pp.48-83；pp. 85-122）。台北：紅葉文化。

2. 浦慕州（1993）。**喪葬與生死**。台北：聯經。

3. 嚴汝嫻、劉宇（1994）。**中國少數民族婚喪風俗**。台北：台灣商務。

4. 鄭曉江著（1997）。**生死智慧——中國人對人生觀與死亡觀的看法**。台北：漢欣文化。

5. 台灣省政府民政廳（1990）。**喪葬禮儀範本**。台北：眾文圖書。

生命教育 理論與教學方案

6. 台北市政府殯葬管理所網站。

7. 楊國柱著（1998）。打造往生天堂──台灣墓地管理的公共選擇。台北：稻香。

14 解構死亡的禁忌

大學階段

⏱ 100分鐘

目標 一、察覺個人的死亡禁忌

二、了解死亡禁忌對一個人生活與人生
　　的影響

教學準備：

教師先行蒐集社會上一般人使用的「死亡」相關用語。

教學活動：

一、準備活動

(一)分組討論：

1. 單數組之小組討論：「成年人常用的『死亡』及『瀕死』的語
彙」。

2. 雙數組之小組討論：「兒童與青少年常用的『死亡』及『瀕
死』的語彙，包括兒童從與成人談論死亡與瀕死時語言的模
仿。」

(二)各組記錄討論結果。

二、發展活動

(一)覺察社會面對死亡的禁忌──「死亡」如何隱身了？

1. 各組將討論的結果寫於黑板。

2. 老師與學生共同檢視及討論語彙中的特徵（如逃避「死」
字），並比較成年人與兒童在語彙特徵上之差異（通常兒童比
較會直接使用如「死翹翹」的話語）。青少年另有特別語彙。

3. 班級團體討論：

(1)為什麼成人、青少年與兒童會有死亡用語的差異？可能的原因何在？

(2)成人社會以「走了」、「駕鶴西歸」、「沒了」……代替直接說「死亡」，是哪些心理因素造成？

(二)探討死亡禁忌的方式、影響，及原因：

1. 分組討論（約4-5人一組）：

(1)你的家人有什麼與死亡有關的禁忌？對你們家人生活有何影響？

(2)你個人有何與死亡有關的禁忌？如何學得？

(3)對你的生活或人生有何影響？

2. 班級團體討論：

(1)我們的社會除了語言之外，還有哪些與死亡有關的禁忌？

(2)死亡禁忌的文化如何影響我們的生活，甚至人生？

3. 教師說明：

人類迴避死亡的原因：

(1)焦慮：人類面對死亡的無知。

(2)無法控制：人類無法控制死亡。

(3)害怕失落：死亡引起的失落與哀傷。

(4)恐懼：包括對死亡過程的害怕、死後世界的未知等。

4. 教師說明：個體死亡態度的發展（見參考資料1.）。

(四)體驗面對死亡——突破禁忌：

1. 進行「與死神對話」的活動：學生先思索以下兩個問題，並將兩個問題的答案寫在一張紙上。

(1)「如果真有一位死神，他掌管死亡的世界，你認為他是怎麼樣的一位神？」

(2)「如果死神給你一個機會，可以回答你三個問題，你會問什麼問題？」

2. 學生兩人一組，A與B。A先將自己所寫(2)的答案紙交給B，

A 再以自己填寫⑴所描述的死神去扮演死神，來回答 B 的問話。B 則使用 A 所交給他的問題，來向 A 發問。第一次扮演完畢，A、B 角色對調，以相同方式進行 B 的死神扮演和 A 的發問。

　3. 教師請學生分享：「從這個經驗中，你對自己有何發現？有何感受？你現在對死亡的了解是什麼？」

三、綜合活動

　㈠統整本單元之重點。

　㈡課堂作業：學生寫下一句話代表今天的學習，並蒐集在個人學習檔案中。

參考資料：

1. 林綺雲主編（2000）。死亡議題（第 9 章）。**生死學**，pp. 291-305。台北：紅葉。

2. David Carroll 原著（1990）。陳芳智譯。**生死大事**。台北：遠流。

3. Eric E. Rofes 等原著（1997）。洪瑜堅譯。**與孩子談死亡**。台北：遠流。

異樣的前世今生

大學階段

⊙ 100分鐘

目標　一、促進個人對自己生命與人生的省思
二、思考個人的生命責任與存在意義

教學準備：

　　請學生於課前閱讀布萊恩所著《生命輪迴》或《前世今生》，或索甲仁波切著《西藏生死書》其中一本。並以一百字說明個人主要心得（這項閱讀作業最好在學期初指定學生買書或借書）。

教學活動：

一、準備活動

㈠請兩、三名學生知道有些什麼人運用何種方式來找尋個人的前世今生的例子，進行分享。

㈡教師進一步提問，讓學生思考：「我們如此相信的來源為何？是什麼在影響我們的觀點？你認為什麼是『前世今生』？我們平時思考『生命』可能以『這一生』、『這一輩子』為生命的長度，但越過了這段長度的前後還有生命嗎？生命是否僅有這一生？在不同的宗教或觀點中有不同看法，而不同的生命觀正隱微地左右我們的生命態度或行為。」

二、發展活動

㈠分組討論：各組可以選擇討論問題。

1. 分享讀書心得。

2. 如果你可以知道自己的前世，你假想你的前世可能是怎樣的？對於你現在可能會有何影響？有哪些你可以感謝或埋怨你的前

世？你期望的來世是怎樣的？今生你認為該如何過，可以獲得如願的來世？

3. 為何你會給自己建構那樣的前世與來世？對你有何啟示？

4. 你是否相信人有前世？你的觀點是什麼？對你的生命觀影響如何？

5. 從基因工程的角度，哪些人是你的「前世」？哪些人是你的「來世」？（從代間遺傳的角度來看，祖先和父母可否比喻為你的「前世」？你的孩子和孫子等是否為你的「來世」？）由這種觀點，你對於你的前世所帶給你的，有哪些可以感謝與埋怨的？你可以改變的狀況如何？你如何期待你的來世？怎樣做可以如願？

6. 比較宗教與科學的「前世今生」，對你有什麼啟發？

7. 當社會上許多人藉用各種靈媒、催眠甚至算命等方式，探求自己的前世時，你認為這類行為的意義是什麼？人們為什麼會想要追溯自己的前世？

㈡班級團體分享與討論：

1. 各組代表分享討論結果（可以選擇想報告的討論問題即可）。

2. 教師統整各組報告內容，邀請學生進一步討論或發表下列問題：

(1)你認為每個人的生命是完全獨立的嗎？為什麼？一個人對自己的生命有無什麼責任？對他人生命有無什麼責任？

(2)今天的討論讓你對自己的生命與人生有何啟發？

(3)你如何看待個體生命的延續性和主宰權？你的看法對你的影響是什麼？

三、綜合活動

　　教師綜合歸納學生的發表內容，並請學生寫下今天的活動心得一百字左右，並同課前準備的作業一起收回參閱。

參考資料：

1. 布萊恩‧魏斯著（1992）。譚智華譯。**前世今生──生命輪迴的治療法**。台北：張老師文化。

2. 索甲仁波切著（1996）。鄭振煌譯。**西藏生死書**。台北：張老師文化。

3. 鈕則誠、趙可式、胡文郁（2001）。**生死學**。台北：國立空中大學。

4. 布萊恩、魏斯（Brain L. Weiss）著。譚智華譯（1994）。**生命輪迴：超越時空的前世療法**。台北：張老師文化。

5. 布萊恩、魏斯（Brain L. Weiss）著。譚智華譯（1992）。**前世今生：生命輪迴的前世療法**。台北：張老師文化。

6. 楊憲東（2003）。**大破譯**。台北：宇河。

16 瀕死經驗

大學階段

目標 探討瀕死經驗對個人生命意義與人生信念的影響

⏱ 100分鐘

教學準備：

一、邀請學生整理、回憶個人曾經接近死亡或危及生命情境的經驗。若個人沒有這類經驗，可以訪問其他有這類經驗的人，以了解他們的瀕死經驗。

二、準備投影機，投影片每組一張，書寫投影片的用筆每組一枝。

教學活動：

一、準備活動

(一)教師引起動機：「在健康而平順的生活中，感覺死亡似乎離我們很遠。事實上，死亡偶爾也會與我們擦身而過，例如：受傷、車禍、重病、九二一地震、各種意外等。因此，瀕死經驗是否也值得我們去探討，以了解這類經驗對一個人的影響？」

(二)請兩、三名學生說明：「什麼是瀕死經驗？」

二、發展活動

(一)小組分享與討論，題綱如下：

1. 分享個人經歷過的瀕死經驗。

2. 當時經歷瀕臨死亡的感受如何？

3. 當時是如何因應瀕死經驗？

4. 那次的瀕死經驗事後對於個人對待自己的生命和自己的人生信念有何影響？

㈡各組推派代表上台報告，並在黑板上摘記各組成員面對瀕死經驗後對人生信念的影響（或各組使用投影片）。

㈢教師統整學生的發表。

㈣班級團體討論，題綱如下：

1. 瀕死經驗產生哪些正面的影響？瀕死經驗產生哪些負面的影響？

2. 瀕死經驗產生正面影響的原因是什麼？瀕死經驗產生負面影響的原因又是什麼？

3. 有什麼方法可以處理瀕死經驗所帶來的負面影響呢？

4. 如果我們可以向死亡這件事學習的話，值得我們學習的地方是什麼？

三、綜合活動

㈠統整本單元的重點。

㈡家庭作業：請學生寫下學習心得。

參考資料：

影片《勇闖鬼門關》。

17 人生無常

大學階段

⏱ 100分鐘

目標　一、體認與學習接受人生的無常現象
　　　二、學習因應人生的無常現象

☀ 教學準備：

一、教師事先檢視個人對人生現象的看法，以及個人所抱持的人生理念。

二、準備投影機，投影片每組一張，書寫投影片的用筆每組一枝。

☀ 教學活動：

一、準備活動

請學生書寫未完成句子：「我覺得人生像……因為……」

二、發展活動

(一)分組討論（約 5-6 人一組）：

1. 學生分享個人未完成句子。

2. 各組選出三則未完成句子，準備向全班分享，並寫在投影片上。

(二)班級團體討論：

1. 老師邀請各組代表發表他們所選三則對人生的形容與體驗，並說明他們對人生的形容其背後的原因與看法。

2. 將各組所選的三則對人生的形容與體驗投影在銀幕上。

3. 老師與學生共同檢視與討論銀幕上資料，對人生的形容與體驗有什麼特徵？

(三)分組討論：

1. 你覺得你所形容的人生現象有何法則可循嗎？

2. 人生若是永恆不變會發生什麼事？

3. 為什麼很多人明知世間是變化無常，卻又無法面對現實，原因是什麼？（例如：想擁有青春永駐、長生不老、永恆的愛、永不別離。）

4. 人生的無常與變化，其背後有什麼積極的意義？

5. 人生變化無常，在變化中我們可以掌握的是什麼？

6. 什麼樣的生活哲學最能面對變化的人生？

三、綜合活動

(一)統整本單元的重點。

(二)家庭作業：「與無常對話」書面報告，請學生以最近所面臨的不愉快或挫敗的經驗為主題，試著思考如何處理這些不愉快或挫敗的經驗，以及這些人生經驗的個人意義是什麼？作為與無常對話的內涵。

18 人生觀

大學階段

⏱ 100 分鐘

目標 → 一、統整個人所抱持的人生觀
二、檢視本學期課程的學習成果

☀ 教學準備：

一、教師請學生自備一張 A4 白色圖畫紙與蠟筆一盒。
二、教師準備四張印有本學期上課單元次序與名稱的劃記表。

☀ 教學活動：

一、準備活動

　　教師引導學生閉目冥想：「……在我們每天的生活中，時時面對選擇，我們選擇作為怎樣的人？成為怎樣的人？選擇如何過一生？當我們做以上任何選擇的時候，在有意無意之間，都受到我們對人生的看法與態度的影響。回顧從我有記憶至今，我記得幼兒期的生活如何？我是怎樣的幼兒？國小時期我的生活回憶如何？我是怎樣的兒童？中學時期我的生活回憶如何？我是怎樣的青少年？過去我的人生像什麼？過去有何重要的經驗影響我的人生觀？我對人生曾經有什麼樣的想法？」當學生完成想像後，請學生睜開眼睛回到當下，拿出 A4 白紙，在直式的上端摺一吋，撕下來成為一張字條。並請學生選擇一個比喻（例如，利用一首歌、一句成語或俚語，甚至一道菜名）來比擬自己「過去的人生」和「過去的我」，將這個比喻寫在字條上。

二、發展活動

㈠回顧過去的人生經驗與人生觀：

分組與討論：向同組同學介紹我所寫下來的比喻。從我的比喻中，看到自己過去的人生像什麼？過去的自己像什麼樣的人？主要是什麼影響了過去我對生活和自己的看法？哪些人生觀和生命觀如何影響我過去的生活？

(二)統整本學期學習經驗與新人生觀。

1. 教師將本學期課程之各單元主題，使用投影機或 powerpoint 投影在銀幕上（或寫在黑板上），並帶領學生回顧各單元活動與內容。

2. 請學生翻看個人學習檔案，回想這學期個人重要的學習經驗，以及這些經驗對於自己的生命意義觀和對於人生看法的影響。

3. 每人取出剩下的紙張，對摺後再展開，使用任何符號或圖形畫下自己在這學期領悟的生命意義觀（在白紙上半張）和人生觀（在白紙下半張）。

4. 分組活動：向同組同學介紹自己所繪畫的生命意義觀與人生觀，以及個人對自己未來人生的期待，並相互回饋。

三、綜合活動

課程回顧：

(一)請學生翻看個人學習檔案，回想這學期的過程中印象深刻的經驗，從中選出三個印象最深刻的單元。

(二)將四張劃記表分別讓學生傳遞，每個學生將所選的單元使用「正」字劃記在對應的單元。最後收回，並統計出班上學生選擇各個單元的次數。

(三)請志願的學生或由教師邀請的學生發表本學期學習經驗與心得，然後教師統整學生發表內容。

(四)請學生撰寫本課程學期心得報告一篇，附在個人學習檔案中繳交。

國家圖書館出版品預行編目資料

生命教育理論與教學方案／吳秀碧主編. --初版.--臺北市：
心理，2006（民 95）
　　冊；　公分.--（生命教育系列；47010）

　　ISBN 978-957-702-855-6（平裝）

　　1. 生命教育

528.59　　　　　　　　　　　　　　　　94023762

生命教育系列 47010

生命教育理論與教學方案

主　　編：吳秀碧
作　　者：吳秀碧、何美雪、林百合、林妙穗、游敏玲、沈珉琪
　　　　　曹瓊華、壽旭霞、劉慈倫、潘素卿、羅家玲、鍾春櫻
執行編輯：陳文玲
總 編 輯：林敬堯
出 版 者：心理出版社股份有限公司
社　　址：台北市大安區和平東路一段 180 號 7 樓
總　　機：(02) 23671490
傳　　真：(02) 23671457
郵撥帳號：19293172　心理出版社股份有限公司
網　　址：http://www.psy.com.tw
電子信箱：psychoco@ms15.hinet.net
駐美代表：Lisa Wu（Tel: 973 546-5845）
排 版 者：龍虎電腦排版股份有限公司
印 刷 者：東緒彩色印刷有限公司
初版一刷：2006 年 1 月
初版三刷：2010 年 9 月
I S B N：978-957-702-855-6
定　　價：新台幣 350 元